Pourquoi, Seigneur ?

Langham
GLOBAL LIBRARY

Les lecteurs assidus de la Bible savent que le contexte est important dans l'interprétation des textes anciens. Mais ce n'est pas seulement les contextes historique et culturel de l'auteur biblique qui doivent être considérés, le cadre de vie de l'interprète influence aussi la façon dont l'Écriture est lue et comprise. Et c'est pourquoi ce livre est important ! En lisant le livre d'Habakuk dans un contexte d'instabilité, de guerre et de souffrance, le docteur Riad Kassis apporte la voix du prophète à nos oreilles d'une manière dont peu seraient capables. Les questions et les lamentations d'Habakuk sont les questions de millions de personnes dans les régions ravagées par la guerre. Le docteur Kassis nous aide à voir comment ce texte ancien parle profondément à notre monde d'aujourd'hui. Je recommande fortement la lecture de ce livre.

Mark Young, Docteur en Philosophie
Président, Denver Seminary, États-Unis

Pour un monde qui se noie dans le sang des victimes du conflit, ce petit livre est une corde de sauvetage. Riad Kassis combine habilement le message du livre d'Habakuk avec d'autres textes bibliques, constituant une solide plateforme de référence pour ceux qui perdent tout espoir de réponse à l'éternelle question : Pourquoi les innocents souffrent-ils ? Ou plus précisément, pourquoi Dieu permet-il que l'innocent souffre ? Son approche d'Habakuk est ponctuée de récits de la vie réelle de la Syrie envahie par la guerre. C'est un livre pour les crises qui menacent d'avoir raison de la foi.

Havilah Dharamraj, Docteure en Philosophie
Doyenne universitaire et professeure d'Ancien Testament,
South Asia Institute for Advanced Christian Studies, Inde

Dans cette excellente étude du livre d'Habakuk, le Révérend Riad Kassis – citoyen de Syrie et du monde – fournit à la communauté chrétienne contemporaine un captivant mélange d'érudition biblique perspicace et de conscience pastorale des épreuves et de la souffrance des chrétiens d'aujourd'hui, en particulier ceux qui ont vécu les événements récents du Moyen-Orient. Le docteur Kassis démontre que les réponses du prophète sont aujourd'hui plus pertinentes que jamais.

Gordon T. Smith, Docteur en Théologie
Président et professeur de théologie systématique et spirituelle,
Université d'Ambrose, Canada

Je suis reconnaissante pour cette réflexion sur Habakuk, car elle aide à comprendre – encore une fois – ce qui, à première vue, semble être un monde hors de contrôle. Qu'il s'agisse de notre propre paysage politique américain, divisé et belliqueux, ou de la tragédie d'une nouvelle attaque malfaisante contre des femmes et des enfants innocents dans un parc au Pakistan, ceux qui croient en Dieu peuvent se demander, dans le calme de leurs pensées et prières « combien de temps ? ». L'élucidation du Dr Kassis de la frustration d'Habakuk envers un Dieu qui laisse triompher le mal, alternant avec les exemples actuels et douloureux de ceux qui sont pris dans un dilemme similaire, fait écho à « l'angoisse existentielle » de notre condition humaine [...] qui pourrait, en effet, nous affaiblir jusqu'à ce que la propre promesse de Dieu se disloque dans notre désespoir, comme elle l'a fait pour Habakuk : « [...] c'est encore une vision qui concerne un moment fixé ; elle parle de la fin et ne mentira pas. Si elle tarde, attends-la, car elle s'accomplira, elle s'accomplira certainement » (Ha 2.3). Cette plongée profonde et réfléchie dans un court, mais puissant passage des Écritures nous transporte de notre propre misère à la vision d'en haut de notre Dieu, qui tient l'histoire en ses mains, et nous demande patience et confiance dans ses plans, ses objectifs et son choix parfait du moment propice.

Marilyn Borst
Directrice associée pour le développement des partenariats,
The Outreach Foundation, États-Unis

Pourquoi, Seigneur ?

Réflexions d'un théologien syrien
sur le livre d'Habakuk

Riad A. Kassis

Langham
GLOBAL LIBRARY

Publié en 2017 par Langham Global Library,
Une marque de Langham Creative Projects

Langham Partnership
PO Box 296, Carlisle, Cumbria CA3 9WZ, UK
www.langham.org

ISBNs:
978-1-78368-314-7 Print
978-1-78368-316-1 Mobi
978-1-78368-315-4 ePub
978-1-78368-317-8 PDF

British Library Cataloguing in Publication Data
A catalogue record for this book is available from the British Library

ISBN : 978-1-78368-314-7

Traduit de l'arabe par Joëlle Giappesi.

Peinture de la couverture : Izdihar Kassis

Mise en page et couverture : projectluz.com

Introduction

Pourquoi, Seigneur ?

Au début de la Révolution du Jasmin en Tunisie, j'étais en visite en Algérie. Alors que la foule emplissait la place Al-Tahrir au Caire le 30 juin 2013, j'étais en Corée du Sud, collé devant mon écran de télévision à l'hôtel, suivant les derniers développements. Au début de la crise syrienne, j'étais aux États-Unis. Loin ou proche du lieu des événements qui se déroulaient, mes pensées et mes sentiments, en tant que Syrien, allaient au-delà du temps et de la géographie. Je m'identifiais à ceux qui recherchaient la liberté et la dignité – ceux qui traversaient des épreuves, ceux qui s'endormaient au son des coups de feu, et ceux qui perdaient le sourire. Lors de ma première visite en Syrie après la crise, j'ai été frappé par les destructions et la dévastation. J'étais choqué de voir les photos des martyrs qui inondaient les places publiques, les rues, les villes et les villages. Au cours de ces événements tragiques touchant le Moyen-Orient, de nombreuses questions auxquelles je n'avais jamais pensé ont commencé à se bousculer dans ma tête. Ce n'est pas seulement moi qui pose ces questions. Ce sont des questions que tout le monde se pose – les étudiants tout comme les ouvriers du bâtiment, les croyants et même les athées. Pourquoi cette violence ? Pourquoi Dieu permet-il que cette mort et cette destruction se poursuivent ? Pourquoi Dieu ne met-il pas fin à cela une fois pour toutes ?

Quelqu'un a posté la mise à jour suivante sur Facebook :

Dieu peut bénir toute l'humanité, mais il ne veut pas !

Dieu peut nourrir tous les pauvres et les affamés, mais il ne veut pas !

Dieu peut effacer le mal de ce monde, mais il ne veut pas !

Dieu peut apporter l'égalité et la justice, mais il ne veut pas !

Dieu peut arrêter le bain de sang et apporter la paix, mais il ne veut pas !

Quel besoin pour un diable quand il y a un Dieu comme ça !

Ces affirmations remettent en question la puissance de Dieu (« Dieu peut… »), sa bonté (« bénir, nourrir ») et sa volonté (« mais il ne veut pas »). Ces questions sont difficiles et complexes. Si Dieu peut arrêter le mal dans ce monde, pourquoi lui permet-il de continuer à sévir ? Et pourquoi le mal semble-t-il se propager alors que le bien semble décliner ? Dieu permet-il le mal ? Et pourquoi ?

Ces questions en soulèvent d'autres : Dieu n'a-t-il pas promis de protéger ceux qui croient en lui ? Si oui, pourquoi certains croyants vivent-ils alors que d'autres sont tués ? Quel est le sort des minorités religieuses au Moyen-Orient ? Quand verrons-nous le dernier épisode d'horreur et de peur ? *Jusqu'à quand, Éternel* ?

J'ai saisi la télécommande de la télévision, pour tenter de trouver des réponses à certaines de ces questions en zappant d'une chaîne à l'autre. J'ai lamentablement échoué. J'ai recouru à des amis et à des experts, mais cette tentative n'a pas donné plus de résultats. Soudain, je me suis senti attiré par un vieux livre sur mon étagère, et je me suis demandé comment un livre ancien, oublié de l'histoire, pourrait m'aider au XXIe siècle… L'une de ces questions est-elle venue à l'esprit de l'écrivain à l'époque ? A-t-il trouvé des réponses à ses questions ? C'est alors que j'ai entamé ma lecture du livre du prophète Habakuk. Celui-ci est devenu l'un de mes meilleurs amis, à tel point que ma fille de 15 ans m'a demandé plus d'une fois si j'allais lui reparler de lui. Chers lecteurs, je ne vais pas vous reparler de lui, mais j'espère que Dieu vous parlera par le biais des souffrances et des questionnements d'Habakuk, pour vous apporter l'espoir tout comme il l'a fait pour Habakuk.

Je tiens à remercier le Reformed Theological Seminary d'Orlando, en Floride, pour m'avoir donné l'opportunité de consacrer un temps productif à l'écriture de ce livre. Un grand merci au Dr Ghassan Khalaf, qui a gracieusement passé en revue ce manuscrit dans sa version originale en langue arabe et a donné beaucoup d'idées constructives. Je remercie également le Dr Nahla Louka, qui a partagé de nombreuses histoires personnelles sur la profondeur de la souffrance syrienne. Je suis particulièrement reconnaissant à ma femme Izdihar, mon fils Timothy et ma fille Trivina, qui ont tous eu un rôle essentiel dans l'écriture de ce livre.

La toile représentée sur la couverture de ce livre est l'œuvre de ma belle et si talentueuse épouse Izdihar Eshak Kassis. Au lieu des ténèbres et d'un arbre dénudé au premier plan, nous pouvons, comme le prophète Habakuk, regarder au-delà de notre présent. L'artiste nous donne le choix de nous concentrer sur l'obscurité et l'arbre sec ou de regarder au-delà et d'apprécier la vive lueur au loin. Sa brillance la rend prédominante et appelle notre regard à dépasser les branches noires et à aller la chercher des yeux. Et si nous le faisons, les branches sèches ne disparaîtront pas de notre vue pour autant, mais nous les verrons d'un autre œil. Prenez quelques minutes pour réfléchir à la manière de conserver un équilibre entre obscurité et lumière dans votre vie.

La Bible de référence utilisée dans cet ouvrage est la Segond 21.

1

Déçu par Dieu

À la recherche du basilic

Dans le jardin de notre maison, nous avions planté des brins de basilic d'un vert tendre avivé de nuances virant au pourpre. Alors que j'écris ces mots, je regarde le basilic et observe qu'il pâlit, approchant de sa fin. Mon épouse veille à conserver les graines, afin de les semer. À l'approche du printemps, voilà que ces graines – que nous pensions disparues sans espoir de retour, en raison de la force des vents, des pluies torrentielles et des neiges glacées – commencent à émerger de la terre en petites pousses, prêtes à emplir l'espace de leurs effluves parfumés et à s'épanouir, pour les délices des yeux.

Le nom du prophète Habakuk est probablement dérivé du terme akkadien désignant le basilic, *Habak*. C'est peut-être une indication de la teneur du message que nous apporte Habakuk. En effet, il écrivit alors que le basilic s'était desséché, que la vie affrontait les rigueurs de l'hiver et du froid et que le ciel était sombre, comme si tout espoir était perdu à jamais. Mais est-ce là le fin mot de l'histoire ? Est-ce donc la fin inéluctable ? Dieu va-t-il nous abandonner dans les rigueurs de l'hiver ? N'y-a-t-il plus d'espoir ? Habakuk ne s'arrêtera pas là, mais il nous donnera les réponses à ces questions, dans son style poétique captivant.

Jérémie fut surnommé « le poète pleureur » ; en effet, les conditions tragiques auxquelles il faisait face avec son peuple l'amenèrent à se plaindre et à pleurer et il écrivit des poèmes de lamentations. Quant à notre prophète Habakuk, nous pourrions le surnommer « le prophète seul », car il ne fut jamais mentionné dans la Bible ailleurs que dans le livre qui porte son nom. Seul comme tant d'autres, s'interrogeant, s'irritant, pleurant, souffrant, endurant, questionnant, protestant, souhaitant... Il n'avait pas de famille pour l'aider à porter ses fardeaux, de communauté de foi pour le soutenir, d'amis fidèles pour partager sa douleur et alléger sa peine. Il était bel et bien seul ! Mais au milieu de cette solitude où il ne trouvait personne à qui confier ses peines, nous le voyons trouver Dieu !

Cet hiver, j'ai subi une intervention chirurgicale. Peu avant mon départ pour l'hôpital, je suis entré dans ma bibliothèque pour choisir un livre qui m'occuperait durant mon séjour en clinique. Mes yeux ont parcouru tous les livres que je souhaitais lire, mais pour une raison que j'ignore, mon cœur a penché pour un ouvrage sur Habakuk, écrit par mon ami Jonathan Lamb. Là-bas, à l'hôpital, émergeant à peine de l'effet de l'anesthésique et des symptômes de douleur diffuse qui l'accompagnent et que connaissent tous ceux qui subissent une anesthésie générale, j'ai pris le livre de mon ami et en ai lu quelques passages, avant de le reposer. J'ai rabattu ma tête sur l'oreiller, alternant entre rêve et conscience, et j'ai entendu une infirmière me demander d'une voix calme et douce comment je me portais. Elle remarqua le livre posé près de moi et me demanda quel en était le sujet. Tout en me disant intérieurement : « Est-ce vraiment le bon moment pour parler alors que je n'en ai même pas la force ? », je lui répondis : « Ce livre parle des temps difficiles auxquels nous sommes confrontés, et comment Dieu se tient à nos côtés dans ces moments-là. » Elle dit alors, tout en se dirigeant d'un pas feutré vers la sortie : « Dommage que je ne sache pas lire en anglais, j'aurais bien besoin de lire ce livre-là ! »

Notre situation aujourd'hui n'est-elle pas comparable à celle des malades et de ceux qui souffrent dans les hôpitaux ? Quel message nous envoie Dieu par le biais d'Habakuk ? Ce message est-il compatible avec notre réalité d'aujourd'hui dans le Moyen-Orient, avec tout ce qu'elle comporte d'errance, d'agitation, de difficultés et de drames ?

Jusqu'à quand ? Pourquoi ?

Nous avons l'habitude, dans notre culture orientale, de nous adresser à nos supérieurs avec des compliments et des paroles douces, afin de les préparer à entendre nos plaintes et nos questionnements. Combien plus devrions-nous faire quand nous nous adressons à Dieu ? Ce n'est pourtant pas le cas d'Habakuk ! Ce dernier ne laisse aucune marge aux compliments ni à l'étiquette dans ses paroles, il va plutôt vers le ressentiment et les plaintes, dans une éruption de souffrance, de colère et de douleur. Habakuk était chargé de soucis et de peine. Le mot « message » dans le verset 1 du premier chapitre de son Livre, signifie littéralement « charge, fardeau », ainsi que nous le découvrirons plus tard. Comme si ce qu'Habakuk entrevoyait était un fardeau, le rongeant et l'épuisant.

Habakuk ployait, non seulement sous le poids de ses soucis personnels, mais aussi des soucis de son peuple. Il s'adresse à Dieu le cœur lourd car il pense au destin de sa nation. C'est l'attitude des hommes courageux, qui ne sont pas distraits par leurs soucis personnels au détriment de ceux de leur peuple.

Qu'est-ce qui a provoqué la frustration d'Habakuk et l'a poussé à demander : Jusqu'à quand ? Pourquoi ?

Habakuk a vécu à la fin du VIIᵉ siècle av. J.-C., à Jérusalem, peu après le règne du bon roi Josias, qui a apporté tolérance, justice et foi à son royaume. Malheureusement, son successeur, le roi Jojakim, ne lui ressemblait pas : ses œuvres étaient mauvaises et le royaume connut la corruption sur tous les plans. Au temps du roi Jojakim, Habakuk regarda autour de lui et vit l'injustice, l'iniquité, la violence, le mal, l'oppression, les conflits, la souffrance, l'éloignement de Dieu et le mépris de sa loi – des choses que nous constatons aussi de nos jours, ou dont nous entendons parler au quotidien.

> Jusqu'à quand, Eternel, vais-je crier à toi ? Tu n'écoutes pas. J'ai crié vers toi pour dénoncer la violence, mais tu ne secours pas ! Pourquoi me fais-tu voir le mal et contemples-tu l'injustice ? Pourquoi l'oppression et la violence sont-elles devant moi ? Il y a des procès et des conflits partout. Aussi, la loi est sans vie, le droit est sans force, car le méchant triomphe du juste et l'on rend des jugements corrompus. (Ha 1.2-4)

L'injustice est étroitement associée à la violence, dans la mesure où certains segments de la société, jouissant de pouvoir et d'influence, exercent la violence en exploitant le système judiciaire pour leurs intérêts propres, sapant en profondeur les fondements de la justice. De même, ce que l'on entend par le mal est l'abus de pouvoir, tant sur les plans économique, social, politique que religieux. Le terme « mal » ou « péché » (1.3) est souvent associé au terme « injustice » dans l'Ancien Testament (Ps 55.11 ; Jb 4.8, 15.35 ; Es 10.1). Il peut également être traduit par le mot « fraude ». Ceci n'est-il pas toujours le cas de nos jours ? La fraude est présente sur tous les plans : fraude dans les examens scolaires – et parmi eux les examens officiels où la fraude passe pour de l'indulgence de la part du surveillant – fraude dans les marchandises, considérée comme du savoir-faire commercial ; fraude jusque dans l'hygiène des aliments, devenue aujourd'hui chose ordinaire ; fraude dans les formalités foncières, afin de faciliter les transactions, etc.

Les termes « pillage » et « violence » apparaissent ensemble à plusieurs reprises (Jr 6.7 ; 20.8 ; Ez 45.9 ; Am 3.10), et le terme « oppression » comprend tout comportement visant à contraindre une personne à agir contre sa volonté, notamment le rapt sous toutes ses formes, la tragédie de l'esclavage, le trafic humain, l'enlèvement de personnes innocentes, l'utilisation de civils comme boucliers humains pendant les guerres. Et comme si toutes ces choses ne suffisaient pas, Habakuk y ajoute le problème des querelles et des conflits (Ha 1.3) dans les sociétés. Le mot « procès », dans sa dimension juridique, se réfère aux plaintes et procès dans les tribunaux ; quant au terme « conflit », il se réfère aux différends entre les individus, les sociétés ou les peuples. Les conflits les plus nombreux et les plus douloureux sont ceux qui naissent entre membres d'une même famille, entre amis, entre Églises ou citoyens d'un même pays.

Si nous nous renseignons sur l'opinion des personnes chargées de garder et de faire appliquer la loi, nous découvrons que la loi est « impuissante ». En d'autres termes, son emprise s'est relâchée et de ce fait, elle n'émet plus que des jugements entachés d'injustice. Du temps d'Habakuk, le maintien de l'ordre et de la loi relevaient en premier lieu de la responsabilité du roi (Es 42.4 ; 51.4) et de nos jours, cette responsabilité incombe aux présidents et gouvernements des nations. Mais est-ce vraiment la réalité dans notre société ? Du temps d'Habakuk, le mal semblait être partout et les justes introuvables.

Quel est le principal souci d'Habakuk alors qu'il observe toutes ces choses ? En réalité, il en a trois à affronter : d'abord, son principal problème n'est pas avec ses contemporains, mais bien avec Dieu lui-même. Il n'arrive pas à comprendre comment Dieu peut rester silencieux, à observer sans mot dire tout ce qui se passe de mauvais : « J'ai crié vers toi pour dénoncer la violence, mais tu ne secours pas ! Pourquoi me fais-tu voir le mal et contemples-tu l'injustice ? » (Ha 1.2-3).

Quant au deuxième problème d'Habakuk, il réside dans le fait que Dieu, lui dont nous attendons qu'il entende les appels de ses croyants, semble sourd à l'expression de la frustration d'Habakuk : « Jusqu'à quand, Eternel, vais-je crier à toi ? » (Ha 1.2). La voix d'Habakuk n'était pas assourdie ou voilée, c'était en fait un appel puissant, un cri (le mot « je crie » peut aussi se traduire par « je m'époumone »).

Le troisième souci d'Habakuk, c'est l'homme qui s'avilit au point d'en perdre son humanité et de vivre selon la loi de la jungle, où la férocité règne en maître.

Devant ces trois problèmes, que peut faire Habakuk ? Se contenter d'observer la dure réalité ? Ou continuer sa mission prophétique et appeler le peuple à la raison et à la foi ? Ou encore, créer une ONG pour résoudre certains de ces problèmes ? Peut-être... Mais il choisit une autre voie : il choisit de se plaindre à Dieu de la détresse, de la colère et de la tristesse qui l'accablent au plus profond de lui, même si cela signifiait qu'il blâmait Dieu – qu'il protestait contre Dieu ! C'est le même choix que firent les auteurs des Psaumes, quand ils demandèrent à Dieu : « Pourquoi ? » (Ps 10.1 ; 22.1 ; 43.2 ; 44.24), et « jusqu'à quand ? » (Ps 6.4 ; 74.10 ; 80.5 ; 90.13 ; 94.3).

Il est important de suivre l'exemple des auteurs des Psaumes et du prophète Habakuk, en l'occurrence. De nos jours, certains chrétiens conçoivent la vie chrétienne comme tapissée de fleurs et de tranquillité. Confrontés aux difficultés et aux tragédies, ils commencent à s'interroger sur la justesse et la force de leur foi. Il serait bon qu'en de tels moments, ils s'adressent à Dieu pour exprimer ce qu'ils ressentent, en toute honnêteté et transparence, qu'il s'agisse de déception, de plainte, de doute, de détresse ou de questionnement. Il serait utile qu'ils comprennent d'Habakuk que Dieu souhaite les voir partager avec lui ce qu'ils pensent ou ressentent, même si cela leur semble relever d'une foi défaillante, d'un manque de foi, ou même d'une absence de foi tout court.

Souad : pourquoi, mon Dieu ?

Ce matin-là, à Damas, alors que Souad, son mari, et leurs enfants s'éveillaient pour se préparer pour aller à l'école et au travail, la journée se transforma en un bain de sang, la chair des citoyens et des enfants, éparpillée sur les murs de la ville en une toile peinte aux couleurs sombres de la traîtrise et de la haine. Est-ce la noirceur de la haine ? Je ne comprends pas. La question demeure sans réponse.

Souad est une belle dentiste d'une quarantaine d'années, mère d'une adolescente et d'un jeune garçon. Elle fut l'un des témoins de cette scène horrible. Elle s'éveilla au son du téléviseur, qui depuis trois ans, décrivait sans relâche les crimes terribles et les atrocités se déroulant en Syrie, de Homs à Alep et jusqu'à Deraa, chacune de ces villes faisant l'objet d'une mention quotidienne aux informations.

Ce matin-là, l'idée de rester chez eux, elle, son mari et ses enfants, de rater le travail et l'école, lui traversa l'esprit, mais elle se reprit : « Jusqu'à quand allons-nous rester terrés chez nous ! » En femme syrienne, héritière du courage et de l'acharnement de Zénobie, elle décida de se rendre à son travail malgré les dangers, et envoya ses enfants à l'école. Elle dit à son mari réticent : « Ils ne nous forceront pas à rester chez nous et à y mourir de peur, il nous faut aller de l'avant et poursuivre notre vie ». C'est ainsi que tous quatre quittèrent leur maison ce matin-là, chacun se dirigeant vers ses occupations habituelles.

En une demi-heure, la vie entière de Souad fut bouleversée.

La circulation des voitures était dense et chaotique, les conducteurs paniqués par le son des balles sifflantes et le bruit sourd des obus. Souad décida alors de descendre du bus et de poursuivre son chemin à pied afin d'arriver à temps à son lieu de travail. Quelques instants plus tard, une explosion déchira l'air, faisant trembler les fondations des vieux quartiers de Damas. Les obus de mortier s'abattaient sur les passants et les habitations alentour, n'épargnant pas même les écoles… Souad fut atteinte par un éclat d'obus.

Elle s'écroula, ainsi que beaucoup d'autres personnes autour d'elle. Les hommes hurlaient et les femmes étaient terrifiées. La rue se transforma en un bain de sang, celui d'enfants. Souad réalisa alors qu'elle aussi était blessée, mais où ? Un engourdissement la prenait, « c'est mon bras gauche », pensa-t-elle, « je ne le sens plus, il doit être en pièces ». Elle cria « Aidez-moi ! » Personne ne l'entendit, tout le monde était paniqué, assourdi par le choc. Elle réussit à se lever, retenant les morceaux de son bras et se dirigea vers un hôpital du quartier, qu'elle atteignit au prix d'un immense effort.

On lui apporta les soins d'urgence puis on la fit pénétrer dans une salle de chirurgie bondée de blessés, de médecins et d'infirmiers, afin d'y subir une intervention complexe et délicate, dont elle s'éveilla pour entendre les médecins déclarer : « elle a encore besoin d'une intervention urgente, elle va perdre son bras. » Elle cria alors : « Pourquoi, mon Dieu ? Je suis médecin, j'ai besoin de mon bras pour travailler ! Seigneur, aide-moi ! »

Elle ne trouva aucune réponse aux nombreuses questions qui se bousculaient dans sa tête. Les voix de son mari et de ses enfants près d'elle la ramenèrent à la réalité. Elle les regarda de ses yeux pleins de larmes et lut dans les leurs les mêmes questions. Mais toujours pas de réponse ! Son époux essayait de la rassurer, et de se rassurer lui-même par des paroles de réconfort qui semblaient pourtant vides de sens.

Dans les yeux de son fils, elle lut sa colère et son désarroi… Elle l'entendit crier : « Maman, où est Dieu ? Pourquoi nous as-tu trompés en nous disant qu'il nous protègerait ? » Elle se taisait et son silence était plus éloquent que les mots. Elle se tourna vers son mari et le vit totalement impuissant. Il sortit de la pièce et elle le suivit des yeux, ignorant que c'était la dernière fois qu'elle le voyait et qu'à ce moment-là, il sortait non seulement de la chambre, mais aussi de sa vie et de celle de ses enfants. Deux jours plus tard, son mari mourait dans une explosion près de son lieu de travail. Comme elle demandait de ses nouvelles, on lui répondit : « Souad, votre rêve s'en est allé… Votre mari a été rappelé à Dieu. »

Dans la foulée, 48h plus tard, on lui annonça que son neveu, qui avait été kidnappé, était mort. Son corps avait été retrouvé, abandonné dans un champ. Ce fut à cet instant qu'elle sentit son esprit partir à la dérive. Elle s'enfonça dans son matelas comme si son corps et sa couche ne faisaient plus qu'un. Les funérailles de son mari et de son neveu eurent lieu le même jour, et bien d'autres funérailles communes furent célébrées ce jour-là en Syrie. Souad ne put leur faire ses adieux et l'hôpital résonna de son cri : « Et moi, Seigneur ? Prends-moi ! » Puis elle perdit connaissance.

Elle revint à elle quelques heures plus tard, et vit sa fille auprès d'elle, le visage ruisselant de larmes, lui tenant la main. Sa fille chuchotait : « Maman, ne t'en va pas ! Je suis seule avec mon frère, reviens-nous je t'en supplie… » Dieu n'avait pas rappelé Souad à lui, la vie lui réservait encore des défis, ses enfants avaient besoin d'elle. Elle leur sourit : « Je suis là, je ne vais nulle part. » Leurs visages s'illuminèrent comme si, dans leur désarroi, une flamme avait soudainement brillé et ils lui rendirent son sourire.

Quelques jours plus tard, médecins et chirurgiens étaient à son chevet, se consultant sur la possibilité de procéder à une nouvelle intervention délicate sur son bras dont les chances de succès étaient faibles. Elle vit dans leurs yeux qu'ils craignaient de prendre des risques, les nerfs du bras étaient sectionnés et elle pouvait le perdre. Ils lui demandèrent son consentement mais elle refusa. Et si l'intervention chirurgicale se passait mal ? Elle s'endormit ce soir-là le cœur lourd d'incertitude. Comment ferait-elle sans un bras ? Qui subviendrait aux besoins de ses enfants si elle ne pouvait plus travailler ? Au matin, deux de ses amies lui rendirent visite. Dès qu'elle les vit, avant même de les saluer, elle cria : « Pourquoi ? Pourquoi, pourquoi, pourquoi ? »

L'une d'entre elles lui répondit : « Pourquoi, Souad, je ne saurais te dire. Mais je sais une chose : Dieu voit, entend et se soucie. Il est avec toi, il attend de toi une chose : que tu lui dises "Parle Seigneur, je t'écoute". » Souad ferma les yeux et pour la première fois, son cœur s'exprima avant ses lèvres : « Parle-moi Seigneur, je t'écoute ! Devrais-je accepter l'intervention ? Y-a-t-il le moindre espoir de sauver mon bras ? Ou vais-je le perdre ? Je t'en prie, réponds-moi ! »

La réponse ne se fit pas attendre. Souad se sentit immédiatement soulagée, rassurée, un indicible sentiment de paix l'envahit. Elle fit appeler les médecins qui attendaient sa réponse. Ils l'écoutèrent avec surprise leur annoncer : « Je veux procéder à l'intervention. Je sais que mon bras va se remettre. » L'un des médecins lui demanda : « Comment le savez-vous ? » Elle lui répondit : « Jésus me l'a assuré ! Ne vous inquiétez pas, sa main guidera vos gestes. » Et les choses se passèrent exactement comme elle le leur avait annoncé. L'intervention fut un succès et son bras recouvra peu à peu de la mobilité. Souad commença ensuite la rééducation de son bras et quelques mois plus tard, elle put retourner au travail. Nous reviendrons sur la suite de son histoire vers la fin de cet ouvrage.

Souad cherche toujours la réponse à sa question « Pourquoi tout cela ? » Va-t-elle en trouver une ? L'histoire d'Habakuk peut-elle lui apporter aide et réconfort ?

Habakuk remit à Dieu ses deux questions : « Jusqu'à quand ? Pourquoi ? » et attendit la réponse. La balle était à présent dans le camp de Dieu. Répondrait-t-il, ou allait-t-il ignorer ses questions de la même manière qu'il semblait ignorer l'injustice, la violence et l'oppression ? Et même si Dieu décidait de répondre, sa réponse serait-elle à la hauteur des attentes d'Habakuk ? Celles-ci ne sont pas difficiles à comprendre. Pour la première question, « combien de temps ? », il espérait que Dieu répondrait que la situation était temporaire et qu'il rétablirait l'ordre après un certain temps qu'il définirait, et que la vie redeviendrait belle et les misères d'Habakuk et son peuple seraient oubliées. Quant à la seconde question « pourquoi ? », il s'attendait vraisemblablement à une explication de la présence du mal dans le monde et à l'inaction de Dieu à cet égard. Des réponses à ces questions soulageraient Habakuk, tout comme elles nous rassureraient aussi. Quelle fut la réponse de Dieu ?

La réponse de Dieu

L'impression d'Habakuk que Dieu n'entend pas, qu'il ignorerait le mal qui sévit dans le monde, s'avère fausse. Voici que Dieu l'invite, ainsi que tout le peuple de son temps, à attendre et voir venir. Bien plus, il les appelle à expérimenter une situation dépassant de loin leurs attentes ou leurs prévisions :

> Jetez les yeux parmi les nations, regardez et soyez saisis d'étonnement, d'épouvante, car je vais faire à votre époque une œuvre que vous ne croiriez pas, si on la racontait. (Ha 1.5)

Si j'avais été à la place d'Habakuk, je me serais attendu à ce que Dieu m'annonce que le mal sera vaincu, que les conflits s'apaiseront, que la violence sera transformée en paix et l'iniquité en justice, que l'oppression disparaitra sans retour. Mais me voilà sous le choc, quand je comprends que ce à quoi je m'attendais n'a rien à voir avec ce que Dieu a en tête !

Dans bien des circonstances, nous nous rapprochons de Dieu pour lui demander d'exaucer nos vœux et nos propres désirs. Dieu est souverain, Dieu est au-dessus de sa création. Il serait bon que nous entendions à ce sujet ce que Dieu nous dit, par la bouche de son prophète Ésaïe : « En effet, vos pensées ne sont pas mes pensées et mes voies ne sont pas vos voies, déclare l'Eternel. Le ciel est bien plus haut que la terre. De même, mes voies sont bien au-dessus de vos voies, et mes pensées bien au-dessus de vos pensées » (Es 55.8-9).

C'est exactement ce que devait apprendre Habakuk, et sans doute le devrions-nous aussi.

Quelle est « l'œuvre incroyable » que Dieu prépare ? Alors que l'on pourrait penser qu'il interviendrait pour améliorer les choses, mettre fin aux souffrances et à la corruption qu'Habakuk et son peuple endurent, ramener la paix et la justice, nous sommes surpris de l'entendre annoncer qu'il donnera tout pouvoir à la nation chaldéenne (les Babyloniens), connue pour la férocité de ses guerres, sa brutalité, ses invasions, ses appropriations des biens d'autrui dans les villes et les villages :

> Je vais faire surgir les Babyloniens. C'est un peuple impitoyable et
> impétueux qui traverse de vastes étendues de pays pour s'emparer
> de demeures qui ne sont pas à lui. Il est terrible et redoutable, il est
> la source de son droit et de sa grandeur. (Ha 1.6-7)

Imaginons l'effet que ces mots ont pu avoir sur Habakuk ! Comme si le poids des soucis qui l'accablent ne suffisait pas, voilà que Dieu lui annonce de plus grands malheurs à venir ! Supposons que vous faites face à une crise financière, ou émotionnelle, ou familiale qui vous cause bien du souci. Vous vous confiez à un ami, espérant trouver du réconfort, et voici que cet ami vous annonce que les problèmes que vous affrontez ne sont rien comparés à ceux qui vous attendent !

Tous les ans, en fin d'année, les gens sont rivés à leur écran de télévision, pour écouter les prévisions de « spécialistes » de tout bord pour l'année à venir. Leurs prophéties sont bien évidemment aléatoires. Mais là, ce n'est pas un « spécialiste en voyance » qu'Habakuk écoute, c'est Dieu, et c'est Dieu lui-même qui lui dit de s'attendre à l'imprévisible !

En dépit de la nature de l'œuvre que Dieu annonce à Habakuk, il est utile de nous arrêter sur le terme « œuvre » (1.5). Ce terme démontre que Dieu connaît les évènements qui vont suivre. Dieu n'est pas un simple spectateur qui aurait un jour créé le monde et l'aurait laissé fonctionner seul. Il est Dieu, toujours présent, toujours actif dans l'histoire de l'humanité. Et alors même qu'Habakuk se soucie de son peuple et de son destin, voici que Dieu s'en soucie également, mais avec à la fois un regard aigu et une vision d'ensemble. Lorsque nous regardons un tableau de près, nous en saisissons certains détails et couleurs, mais nous ne pouvons percevoir toute la beauté de la peinture qu'en prenant de la distance. Et bien souvent, dans la vie, nous restons bloqué sur un seul détail, comme si nous regardions un tableau de trop près. Et c'est souvent un détail négatif, qui brouille notre vue. Il nous faut alors prendre du recul, nous rapprocher de Dieu, lui demander de nous aider à retrouver une vue d'ensemble.

Après avoir entendu les paroles brèves mais inquiétantes de Dieu sur ce qui était à venir, Habakuk commence à réfléchir à une réalité future encore plus amère ! Il commence à se remémorer ce qu'il sait du peuple de la nation chaldéenne, et de sa brutalité. Cette « œuvre incroyable » que Dieu annonce à Habakuk ressemble fortement à une autre œuvre mentionnée dans le livre d'Ésaïe (29.13-14), lorsque près de 100 ans plus tôt, en l'an 722 avant J.-C., Sanchérib, roi d'Assyrie, envahit le royaume du Nord d'Israël. Sa capitale, la Samarie, tomba par l'épée et le peuple souffrit de terribles maux. De même, le royaume du Sud subira bientôt une invasion similaire, mais cette fois, les Chaldéens seront les envahisseurs. Nos erreurs passées nous enseignent-elles quelque chose ? Notre mémoire se souvient-elle de ce qui s'est passé, afin que nous ne répétions pas indéfiniment nos erreurs ?

Les Chaldéens furent réputés pour leur rapide expansion (Ha 1.8), et l'Assyrie, capitale de l'empire assyrien, tomba sous leur domination en l'an 614 av. J.-C., suivie par la cité de Ninwah en l'an 612 av. J.-C., puis par Harran en 610 av. J.-C. En une brève période de temps, ils contrôlèrent Babylone, l'Assyrie, la Syrie, la Palestine et l'Égypte.

Nous avons déjà relevé la frustration d'Habakuk et sa protestation devant la violence (Ha 1.2-3), le voici à présent qui confirme que l'objectif des Chaldéens était aussi la violence (Ha 1.9). Habakuk souffrait de l'absence de justice dans sa propre société (1.4), et voici que les Chaldéens pratiquent leur propre justice pour atteindre leurs objectifs. De nos jours, nous utiliserions les termes « terrorisme international » pour décrire le comportement des Chaldéens d'alors.

Mais voici la question qui continuait de tourmenter Habakuk : pourquoi Dieu permet-il cela ? Et envers son propre peuple ? La réponse était aussi claire que le soleil de midi : Dieu punit les gens pour leurs péchés, ils ne peuvent échapper à son jugement, en particulier quand ils se revendiquent ses élus, son peuple choisi. Et comme punition, Dieu utilise les Chaldéens.

Tout cela se résume au fait que Dieu est le Seigneur de l'Histoire. Il contrôle les destinées des peuples et des nations, y compris celle de la nation féroce des Chaldéens. Il peut utiliser ces derniers pour accomplir ses desseins, pour discipliner son peuple et appliquer ses sanctions. Il ne nous est pas facile de le comprendre, mais c'est pourtant bien ce que Dieu a toujours fait, et continue de faire. Nous pensons que les armées et les nations puissantes ont le pouvoir de décider de leur propre destin, ainsi que des destinées des autres. Mais nous devons comprendre que c'est Dieu qui intervient dans l'Histoire et réalise sa volonté. Dieu contrôle la situation. C'est à lui que revient la décision absolue et définitive !

Questions de réflexion et de discussion

1. Voyez-vous des points communs entre la violence qu'Habakuk a expérimentée dans sa communauté, et ce que vous constatez aujourd'hui dans la vôtre ? Quelles sont les similarités et les différences ?

2. Quelle a été la réaction du prophète Habakuk quand Dieu lui a dit que les Chaldéens allaient attaquer son peuple ?

3. Quels ont été les trois problèmes qui ont ébranlé Habakuk ? Y a-t-il des personnes autour de vous qui souffrent de ces mêmes problèmes ? Comment pouvez-vous les aider à les surmonter ?

4. Quels seraient votre ressenti et votre réaction, sur les plans émotionnel et physique, si vous aviez à faire face à ce que Souad a dû traverser ?

2

Dieu est-il tolérant envers le mal ?

MONA : « LA MOITIÉ DE MON ESPRIT EST MORT »

Les mots sont vains quand ils ne peuvent exprimer la peur, la douleur et la confusion. Pourtant, je n'ai que les mots pour dire au monde, et à Dieu, que ce que j'endure est au-dessus de mes forces. Je ne suis qu'une fille de quinze ans, qui agonise de douleur, qui a sombré dans un tel chagrin que même les plus grands poètes ne pourraient trouver de termes pour le décrire.

Jusqu'à un passé très proche, j'avais une jumelle, Shaza, ma copie conforme. Nous étions inséparables, convaincues que nous étions en fait une seule personne dans deux corps, plutôt que deux personnes différentes. Nous sommes nées ensemble, avons grandi ensemble, rêvé ensemble… Ou plutôt, pour le dire en termes plus justes, nous avons volé ensemble des moments de rêve. Car dans notre pays, en Syrie, rêver est devenu le fait d'un voleur ou d'un assaillant ! Les crises que nous avons traversées durant ces guerres lâches et mortelles nous ont privées de tout sens de sécurité, nous ont amenées à nous déplacer, nous éloignant de notre voisinage et de nos amis. La guerre a même réussi à pénétrer à l'intérieur de notre maison et séparer nos parents, leur couple n'a pas résisté devant ses assauts, le navire a pris l'eau par trop d'orifices pour pouvoir être sauvé et n'était pas assez armé pour résister. Mais rien ne pouvait nous atteindre, Shaza et moi, elle était le bras qui me secourait et j'étais le cœur aimant auquel elle pouvait recourir, l'ancre qui compensait le manque de sécurité que nous traversions.

Bien évidemment, nous étions affectées par les batailles intérieures et extérieures, mais dès que nous nous retrouvions ensemble, dans notre chambre, nous trouvions moyen de rire, de nous raconter les nouvelles du quartier et d'imaginer des solutions pour notre avenir. Et surtout, le plus important, nous allions épouser le même homme, et s'il trouvait un moyen de nous trahir et nous quitter, au moins nous resterions ensemble, nous nous aurions l'une l'autre et rien ni personne ne pourrait nous séparer. Je sais bien qu'il s'agissait surtout de rêves d'adolescence, mais ils avaient le mérite de nous suggérer des solutions que personne ne nous donnait ailleurs.

SOUDAINEMENT, TOUT A CHANGÉ

Ce jour-là, moi, vivante, je suis morte à l'intérieur. C'était le matin et nous nous sommes réveillées au son de la voix de notre mère, qui nous disait, comme d'habitude, avec agitation : « Allez, réveillez-vous, le petit déjeuner est prêt et vos livres vous attendent ! » Nous nous sommes réveillées en même temps, et comme à l'accoutumée, nous nous sommes dépêchées ensemble. Nous avons même pris notre petit-déjeuner dans la même assiette. Après le petit-déjeuner et un fou rire inextinguible, Shaza m'a dit : « allez, viens, allons étudier sur la terrasse. Il n'y a pas de bruits d'obus ce matin, on dirait que le diable a pris congé ! Allez viens, la terrasse me manque, j'en ai assez d'être enfermée en prison dans notre chambre ». J'ai entendu notre mère nous prévenir de ne pas sortir, la perfidie n'était jamais bien loin, mais Shaza avait ce regard décidé du voyageur sur le départ et je ne pouvais résister, je l'accompagnai sur la terrasse. « Apporte ta chaise et viens », dit-elle. Après avoir refermé nos livres, nous sommes restées assises ensemble, parlant et riant à voix basse, afin que notre mère ne nous entende pas. Shaza me surprit par une question que je n'avais jamais entendue auparavant – et que je n'entendrai plus. « Quand tu auras grandi et que tu seras devenue une présentatrice de télévision connue, parleras-tu de moi ? » Je lui demandai, étonnée : « Pourquoi tu dis quand "je serai", et pas quand "nous serons" ? Toi et moi allons vivre notre rêve ensemble ! » Elle me répondit d'un ton qui me fit frémir : « Je ne serai pas avec toi ! » Elle rit à la vue de mon anxiété et ajouta : « Même si nous avons les mêmes traits, toi tu es blonde, et aussi tu es plus grande que moi. Ce travail te conviendra mieux qu'à moi, je ne serais pas prise. » Je lui répondis : « Tu seras prise, tu feras une magnifique présentatrice de télévision et tu parleras de moi aux gens. » Et dans la foulée, Satan rentra de vacances, ricanant à l'écoute de nos projets et de nos rêves, faisant exploser l'obus juste sur notre terrasse, nous projetant à terre, moi en sang et ma sœur gisant sur moi, Elle n'était pas blessée, mais elle était partie à jamais.

Je n'oublierai jamais le sourire sur son visage, un sourire d'adieu alors qu'elle gisait sur moi, m'enlaçant de ses deux bras. Je ne me tairai pas, je leur dirai que leur obus a mis en terre ma sœur jumelle, me laissant avec une question : « Pourquoi elle ? » Je leur dirai que mon rêve est détruit et que je n'ai plus d'espoir pour l'avenir. Que me sert un livre que j'ai refermé et que je n'ouvrirai plus jamais ? Je suis jeune, Messieurs, je ne comprends rien à ce que vous dites. Je vous ai entendus murmurer, devant son corps disloqué : « C'est son destin. C'est la volonté de Dieu. » Face à ce Dieu, je lui crierai : « Qui es-tu, toi, pour prendre mon cœur et planter à sa place un poignard ? » Pardonnez-moi. Après tout, je n'ai plus que la moitié du cerveau, l'autre est morte. Je promets d'enterrer cette moitié encore vivante, afin que vous ne puissiez rien me reprocher.

Que répondrait Habakuk ?

Que pouvons-nous dire à Mona, encore sous le choc, en plein désespoir ? Comment réagirait Habakuk face à son désarroi ? Et quelle serait la position de Dieu face aux coups du Malin qui s'abattent sur elle ?

Habakuk continue de se débattre avec un certain nombre de dilemmes, qui peuvent se résumer à deux questions :

1. Comment Dieu le Très Saint, le Juste, peut-il utiliser une nation très corrompue pour discipliner une nation moins corrompue ?

2. Comment Dieu le Très Saint, le Juste, peut-il passer l'éponge sur les nombreux maux dont cette nation disciplinaire est coupable ?

De l'indignation au silence

Je veux être à mon poste et me tenir sur la tour. Je veux veiller pour voir ce que l'Eternel me dira et ce que je répliquerai à mes reproches. (Ha 2.1)

Il semble ici que le ton d'Habakuk a changé. Il est passé de la protestation indignée et de la plainte à un ton plus calme, plus enclin à l'écoute, à l'observation et à la réflexion. Que s'est-il passé ? En réalité, rien ne s'est vraiment passé, sinon que la personne qui protestait avec colère a besoin à présent d'écouter et de méditer. Combien avons-nous besoin de ces moments de silence dans le tumulte de la vie d'aujourd'hui ! Nous nous sommes habitués à trop parler, aussi bien dans notre vie publique que privée, et même dans nos moments de pratique cultuelle. L'auteur du Psaume 73 a rencontré le désarroi et l'incertitude et n'a trouvé le repos qu'à son entrée en silence dans le sanctuaire de Dieu (73.16-17).

Habakuk s'est rapproché de Dieu en silence. Et tandis qu'il se tient calme et silencieux, il s'attend à entendre la voix de Dieu et à comprendre ses pensées. Le Dr Don Carson donne une belle analogie de cette situation : « Pour beaucoup d'entre nous, nos prières sont comparables à de petits garçons turbulents, qui sonnent aux portes et s'enfuient avant que quelqu'un n'ouvre la porte. » Quand nous nous rapprochons de Dieu, sommes-nous dans l'attente d'entendre sa voix, ou sonnons-nous à sa porte pour au final nous enfuir avant qu'elle ne s'ouvre ?

Les exégètes juifs ont eu dans le passé des opinions partagées sur les actions d'Habakuk et ses protestations auprès de Dieu, et si c'était là une façon acceptable de s'exprimer pour un prophète. Nous aussi pourrions désapprouver ses actions mais en réalité, il ne faisait qu'exprimer honnêtement et sincèrement ses sentiments. En plus de l'honnêteté et de la sincérité d'Habakuk, il nous faut aussi lui reconnaître son humilité. En effet, non seulement Habakuk se rapproche de Dieu dans le silence et l'expectative, mais il le fait aussi avec humilité et contrition. En d'autres termes, la dernière partie du verset, « Que vais-je répondre à mes reproches » pourrait aussi se comprendre comme : « Que dit Dieu à mon sujet ou contre moi, et que vais-je répondre à la discipline que j'encours ? » Habakuk est conscient qu'il pousse son questionnement de Dieu un peu trop loin, et reconnaît qu'il est prêt à encourir les réprimandes ou les mesures disciplinaires de Dieu.

Habakuk s'était demandé par le passé comment Dieu pouvait passer outre le mal qu'il observait dans sa communauté et au sein de sa nation. Il se demandait aussi comment Dieu pouvait utiliser une nation plus malfaisante pour punir son propre peuple, au lieu de punir cette nation-là. Dieu lui répondit.

> L'Eternel m'a répondu et a dit : « Mets la vision par écrit, grave-la sur des tables afin qu'on la lise couramment. En effet, c'est encore une vision qui concerne un moment fixé ; elle parle de la fin et ne mentira pas. Si elle tarde, attends-la, car elle s'accomplira, elle s'accomplira certainement[1] ». (Ha 2.2-3)

La vision que le Seigneur a demandé à Habakuk d'écrire sur des tablettes de façon simple et claire et de relayer à tout le monde, était celle du jugement qui aurait lieu au temps fixé. Dieu confirme que le jugement des apostats de son peuple aura lieu, tout comme viendra également celui des Chaldéens. Ce jugement se réalisera à travers les cinq malheurs, ainsi que le clarifient les versets 6-20 d'Habakuk 2.

Tôt ou tard, la Parole de Dieu se réalisera. Notre problème est de comprendre la notion de temps dans la perspective de Dieu. L'apôtre Pierre a écrit : « Mais s'il y a une chose, bien-aimés, que vous ne devez pas oublier, c'est qu'aux yeux du Seigneur un jour est comme 1000 ans et 1000 ans sont comme un jour » (2 P 3.8). La notion de temps de Dieu diffère de la nôtre et il nous faut voir les choses selon son horloge, et non la nôtre. À vrai dire, il y a des écarts dans la mesure du temps, même dans notre vie quotidienne. Ne trouvons-nous pas que les journées de vacances sont plus courtes que les jours ouvrables ? Ne ressentons-nous pas ces moments d'attente à l'hôpital ou dans un cabinet de dentiste comme de longues heures ? D'autre part, il ne faut pas oublier que le temps de Dieu comprend

---

1. La dernière partie de ce verset est traduite dans la Septante comme suit : « Attends-le, car sûrement il viendra et ne tardera point », reflétant ainsi une notion messianique. L'auteur de l'épître aux Hébreux est d'accord avec cette traduction (Hé 10.35-39).

également la notion d'éternité. Quel est donc le principe central sur lequel Dieu se base lorsqu'il applique son jugement ?

Le verset suivant est essentiel pour comprendre le principe sur la base duquel Dieu apportera le jugement aux Chaldéens et nous y trouvons une comparaison entre celui qui est « plein d'orgueil » et le « juste » : « Il est plein d'orgueil, celui dont l'âme n'est pas droite, mais le juste vivra par sa foi » (Ha 2.4).

Celui qui est « plein d'orgueil » est décrit comme vaniteux, arrogant et traître (ainsi qu'injuste et cupide, dans le cinquième verset). Mais au final, il devra affronter le jugement de Dieu. Par contre, l'expression « le juste vivra par sa foi » peut être interprétée de plusieurs manières :

- Le juste par sa foi | vivra, c'est-à-dire que la personne devient vertueuse grâce à sa foi, et vivra une vie pleinement vertueuse.
- Le juste | vivra par sa foi, c'est-à-dire que la personne devenue vertueuse suit le chemin de la foi dans toutes les circonstances de la vie.
- Le juste | par sa loyauté vivra (le mot dans la langue d'origine comprend les deux sens de foi et de loyauté), c'est-à-dire que la personne qui devient juste vivra sa vie dans l'intégrité, la loyauté et la dévotion au Seigneur.
- Le juste | par Sa loyauté vivra, c'est-à-dire que la personne qui devient juste se repose sur la fidélité de Dieu et sur ses promesses dans sa vie entière (le possessif « Sa » avant le mot « loyauté » se réfère à Dieu).

Dieu offre un répit, mais il ne remet pas les choses à plus tard

La section suivante du chapitre 2 du livre d'Habakuk (versets 6-20) aborde en détail cinq Malheurs qui démontrent le jugement de Dieu pour les actions des êtres humains. Si Habakuk, ou n'importe quel autre être humain pensait, ne serait-ce que pour un instant, qu'il pouvait se soustraire aux conséquences de son péché et à la justice de Dieu, il serait dans l'illusion ! Ici, Dieu détaille à Habakuk son jugement en images, afin de dissiper de son esprit et son cœur tout doute sur la possibilité que Dieu puisse ignorer le mal.

Le premier Malheur : La cupidité et l'égoïsme (versets 6-8)

Nous sommes confrontés ici à la même question qui a été soulevée dans Habakuk 1 : « Jusqu'à quand ? » (1.6). Combien de temps cette situation peut-elle durer ? En réalité, la nation chaldéenne a duré moins de 100 ans. Son déclin commença avec la mort de Nebucadnetsar le 2nd, en l'an 562 av. J.-C. En 539 av. J.-C., elle était entièrement détruite. Les Chaldéens ont payé le prix de leur égoïsme et de leur cupidité. Un oppresseur sera toujours puni pour son injustice au moment jugé apte par Dieu, le juste Juge. Il est inévitable que Dieu inverse le cours des choses !

Le second Malheur : Une fausse sécurité (versets 9-11)

Les Chaldéens croyaient que par la construction de hauts murs et de puissantes villes, ils pourraient obtenir la sécurité. Nebucadnetsar se vantait que dans la ville de Babylone, chaque pierre de son palais portait son nom (Dn 4.29-30). Nous savons tous que les jardins suspendus de Babylone font partie des sept merveilles du monde ancien. Ici, Dieu souligne que les gains illégitimes qui servirent à construire la ville et le palais de luxe seront précisément la source de la honte.

Le verset 11 indique que la pierre et la poutre de bois dans le mur témoignent de ce gain illégitime. La pierre dans le mur en appelle au bois, mais, naturellement, le bois ne répondra pas à l'appel de la pierre. Cependant les cris de la pierre et ceux des humains seront entendus. Dieu entend et répond aux requêtes de justice, il transformera l'assurance de sécurité en une sécurité factice qui s'avèrera bien futile quand le temps du jugement sera venu.

Le troisième Malheur : Un pouvoir tyrannique (versets 12-14)

Nous retrouvons dans ces versets l'image de construction mentionnée dans le second Malheur. Les Chaldéens étaient connus pour leur passion envers la construction de grands édifices, mais verser le sang des innocents et commettre des atrocités afin de construire des villes est inacceptable pour Dieu. De tels actes appellent le jugement de Dieu et de ce fait, le labeur déployé dans ces constructions sera rendu vain (2.13). Ce labeur est destiné aux flammes, ce qui fut confirmé par le prophète Jérémie lorsqu'il parla de la punition que Dieu réservait aux Chaldéens :

> Voici ce que dit l'Eternel, le maître de l'univers : Les murailles de Babylone seront totalement démantelées malgré leur épaisseur et ses portes seront réduites en cendres malgré leur taille. Ainsi des peuples auront travaillé pour du vide, des nations se seront épuisées pour du feu. (Jr 51.58)

D'une façon ou d'une autre, nous sommes tous des ouvriers dans notre vie. Sur quel type de fondations construisons-nous ? Ces fondations tiendront-elles, non seulement devant les turbulences et épreuves de la vie, mais aussi devant Dieu au jour du Jugement Dernier ? L'apôtre Paul aborde ce sujet dans sa première lettre aux Corinthiens :

> En effet, nous sommes ouvriers avec Dieu. Vous êtes le champ de Dieu, la construction de Dieu. Conformément à la grâce que Dieu m'a donnée, j'ai posé le fondement comme un sage architecte, et un autre construit dessus. Cependant, que chacun fasse attention à la manière dont il construit dessus, car personne ne peut poser un autre fondement que celui qui a été posé, à savoir Jésus-Christ. Que l'on construise sur ce fondement avec de l'or, de l'argent, des pierres précieuses, du bois, du foin ou de la paille, l'œuvre de chacun sera dévoilée : le jour du jugement la fera connaître, car elle se révélera dans le feu et l'épreuve du feu indiquera ce que vaut l'œuvre de chacun. Si l'œuvre que quelqu'un a construite sur le fondement subsiste, il recevra une récompense. Si son œuvre brûle, il perdra sa récompense ; lui-même sera sauvé, mais comme au travers d'un feu. (1 Co 3.9-15)

La troisième Malheur se termine par le verset 14, qui semble être hors contexte : « En effet, la terre sera remplie de la connaissance de la gloire de l'Eternel, tout comme le fond de la mer est recouvert par l'eau » (Ha 2.14).

Ce verset est semblable à Esaïe 11.9, qui aspire à l'âge messianique glorieux (le royaume de Dieu). Habakuk y dit qu'en construisant des temples pour leurs dieux, les Chaldéens dépossédaient Dieu de sa gloire. Mais Dieu finira par triompher, et la terre sera emplie de la connaissance du Seigneur, tout comme l'eau recouvre la mer. Notre réconfort et nos espoirs se renforcent quand nous nous rendons compte que Dieu a le dernier mot !

Un ami m'a parlé de ce doctorant, étudiant le Nouveau Testament, qui allait à la salle de sport après les cours et laissait ses affaires, et entre autres ses livres, à la garde de l'agent de sécurité. Le jeune homme se rendit compte un jour que l'agent de sécurité lisait la Bible, puisée dans ses affaires. L'étudiant lui demanda ce qu'il lisait, et l'agent répondit qu'il appréciait la lecture du livre de l'Apocalypse. Le doctorant sourit, car sa thèse concernait justement le livre de l'Apocalypse. « J'ai passé de longues heures à étudier ce livre, est-ce que vous le comprenez ? » L'agent lui répondit : « En réalité, il y a beaucoup de choses que je ne comprends pas, mais celles que je comprends me font aimer ce livre. » Le jeune homme demanda : « Lesquelles ? » L'agent répondit : « Je comprends

que le bien triomphera du mal. Je comprends aussi qu'à la fin, Jésus vaincra ! »
Lorsqu'il écrivit ces versets dans le livre de l'Apocalypse, l'apôtre Jean résuma
ce que l'agent de sécurité comprit :

> Puis je vis un nouveau ciel et une nouvelle terre, car le premier
> ciel et la première terre avaient disparu et la mer n'existait plus. Je
> vis descendre du ciel, d'auprès de Dieu, la ville sainte, la nouvelle
> Jérusalem, préparée comme une mariée qui s'est faite belle pour son
> époux. J'entendis une voix forte venant du ciel qui disait : « Voici le
> tabernacle de Dieu parmi les hommes ! Il habitera avec eux, ils seront
> son peuple et Dieu lui-même sera avec eux, [il sera leur Dieu]. Il
> essuiera toute larme de leurs yeux, la mort ne sera plus et il n'y aura
> plus ni deuil, ni cri, ni douleur, car ce qui existait avant a disparu ».
> Celui qui était assis sur le trône dit : « Voici que je fais toutes choses
> nouvelles. » Il ajouta : « Ecris cela, car ces paroles sont dignes de
> confiance et vraies. » Puis il me dit : « Je suis l'Alpha et l'Oméga,
> le commencement et la fin. À celui qui a soif, je donnerai à boire
> gratuitement de la source de l'eau de la vie. Le vainqueur recevra cet
> héritage, je serai son Dieu et il sera mon fils. Quant aux lâches, aux
> incrédules, [aux pécheurs,] aux abominables, aux meurtriers, à ceux
> qui vivent dans l'immoralité sexuelle, aux sorciers, aux idolâtres et
> à tous les menteurs, leur part sera dans l'étang ardent de feu et de
> soufre. C'est la seconde mort. » (Ap 21.1-8)

Ceci est notre ferme espoir dans un monde en pleine mutation.

Le quatrième Malheur : L'exploitation (versets 15-17)

Cette partie parle de l'exploitation des personnes, ou ce qu'on appelle
aujourd'hui la traite des êtres humains, l'une des plus grandes plaies de notre
temps. Ce trafic d'êtres humains peut prendre plusieurs formes d'une société à
l'autre. Certaines formes comprennent l'exploitation sexuelle des jeunes filles
– esclavage des temps modernes et servitude propre au XXIe siècle – ainsi que
l'exploitation des travailleurs étrangers. Les Chaldéens ont exploité le peuple et
lui ont apporté honte et destruction, mais le jour viendra où Dieu leur fera boire
la coupe de sa colère et de son jugement (2.16). De surcroît, les Chaldéens ont
exploité la nature, les animaux, les cèdres du Liban (2.17). L'histoire nous raconte
qu'ils étaient fiers de leur exploitation des forêts du Liban, tels Sanchérib et
Nebucadnetsar, qui donnèrent l'ordre de couper un nombre important de cèdres.
Dieu prend soin de sa création et refuse que l'on contribue à la destruction de

ses créatures humaines au moyen d'une exploitation illégitime. En écrivant ces mots, je me dois de mentionner la lettre historique du pape François sur les soins pour la création, dont j'ai vraiment apprécié la lecture, ainsi que la déclaration sur la prise en charge de la création par l'Alliance évangélique mondiale (WEA)[2]. J'apprécie aussi le travail effectué par A Rocha International[3], qui tient à chérir et prendre soin de la création, s'inspirant des enseignements de Dieu dans la Bible et mettant ainsi en évidence la noble éthique chrétienne dans ce domaine clé, qui est devenue un besoin crucial pour nous et pour les générations futures.

Le cinquième Malheur : L'idolâtrie insensée (versets 18-20)

Ce malheur est lié au culte des Chaldéens pour les idoles. En effet, les Chaldéens avaient beau revêtir leurs idoles d'argent ou d'or, elles demeuraient des idoles muettes, sans âme et sans vie (voir aussi Es 44.9-20 ; Jr 5.7 ; 44.1-8 ; Jos 8.4). Le culte des idoles appelle le jugement de Dieu contre les Chaldéens. Car, à l'opposé de ces dieux muets et sans vie qu'adorent les nations, Yahvé règne sur toute la terre et ses habitants, il est vivant, présent dans son temple sacré, à l'écoute des doléances et des requêtes de ceux qui appellent son nom (Dt 4.1-40 ; Ps 91.14-16). Devant lui et en sa présence, les dieux des nations sont muets. L'homme contemporain ne fabriquera sans doute pas les idoles comme le faisaient ses ancêtres, il n'empêche que les idoles d'aujourd'hui peuvent prendre bien des formes différentes, telles que le matérialisme, le consumérisme, l'individualisme, le contrôle militaire, les idéologies fondamentalistes qu'elles soient d'ordre religieux, social ou politique... Toutes ces tendances ne sont-elles pas les idoles des temps modernes ?

Quand devons-nous rester silencieux ?

> L'Eternel, lui, est dans son saint temple. Que toute la terre fasse silence devant lui ! (Ha 2.20)

Ce verset central ne vise pas à conclure le cinquième Malheur, mais sert de conclusion aux cinq Malheurs. En outre, il constitue une conclusion appropriée aux chapitres de Habakuk 1 et 2.

---

2. Lettre du pape François : http://w2.vatican.va/content/francesco/fr/encyclicals/ documents/papa-francesco_20150524_enciclica-laudato-si.html ; WEA, « Statement on the Care of Creation », http://www.weacreationcare.org/wp-content/uploads/2014/12/ WEA-Statement-on-Care-of-Creation.pdf

3. http://www.arocha.org/fr/

En effet, au début de son livre, Habakuk exprimait son mécontentement et sa préoccupation pour la non-intervention de Dieu envers la méchanceté du peuple (1.2-4). Il ne pouvait comprendre comment Dieu pouvait s'accommoder d'une telle méchanceté (1.12-2.1). Par conséquent, Habakuk avait besoin d'apprendre que Dieu agit sur la base de ses mesures et de ses principes (2.4), tout comme il avait besoin de savoir que le Jugement de Dieu contre les Chaldéens serait basé sur ces mêmes critères équitables, comme en témoignent les cinq malheurs (2.5-19). Habakuk avait besoin, tout comme nous aujourd'hui, d'une rencontre directe avec Dieu, afin de comprendre son identité, tout comme Job avait ressenti le besoin de rencontrer Dieu face-à-face (Jb 42.1-6). Dès lors, Habakuk n'a pas besoin de savoir ce que Dieu fait ou peut faire, mais il doit plutôt percevoir, par l'esprit et le cœur, que Dieu est seigneur et souverain, et que devant un tel seigneur, l'homme ne peut que se soumettre et se taire ! À mesure que nous faisons l'expérience de la grandeur de Dieu, nous sommes mieux équipés pour affronter les circonstances difficiles de la vie et les obstacles qui entravent notre chemin.

Les Ukrainiens ont souffert de beaucoup de malheurs et d'épreuves au cours des dernières années. Mon ami ukrainien, Taras Dyatlik, m'a parlé de l'importance du silence lorsque nous faisons face aux tragédies. Lors de ces moments de silence, il écrivit dans son journal les pensées suivantes[4] :

DIMANCHE 27 JUILLET 2014

Il est impossible de connaître le vrai goût du pain sans avoir éprouvé la faim !
Il est impossible d'apprécier la valeur de l'eau douce sans souffrir de la soif !
Il est impossible de goûter la joie du lever du soleil sans avoir souffert de cauchemars et d'insomnie !
Il est impossible de connaître la puissance du pardon sans avoir connu la laideur du péché et la force de la chute !
Il est impossible de connaître la puissance de l'unité sans avoir éprouvé la douleur de la division !
Il est impossible de connaître la puissance de la prière sans dépendre pleinement de Dieu !

JEUDI 29 JANVIER 2015

Nous sommes comme des grappes de raisin, rassemblées une par une dans la presse à raisin pour être écrasées jusqu'à ce que la dernière goutte de jus soit extraite

---

4. Reproduites ici avec l'autorisation de l'auteur.

de nous, devenant ainsi bénies en un vin délicieux, tel le vin en provenance de la péninsule de Crimée !

Nous sommes comme les grains de café, rassemblés un par un et jetés dans la meule à café pour être moulus jusqu'à devenir de la fine poudre de café. Et comme si cela ne suffisait pas, nous devons de surcroît être bouillis sur des flammes ardentes jusqu'à devenir un breuvage savoureux apprécié par beaucoup de gens dans le monde entier !

Nous sommes comme les grains de blé, pris un par un jusqu'au moulin à blé pour être impitoyablement broyés jusqu'à ce que nous devenions farine fine. Comme si cela ne suffisait pas, nous devons encore être bien pétris et cuits sur un feu ardent, pour devenir un savoureux pain russe !

Nous sommes comme ces olives, portées une par une à la presse pour être broyées jusqu'à la dernière goutte, pour devenir de l'huile pour la nutrition, la guérison et la bénédiction !

MERCREDI 11 FÉVRIER 2015

> La vie est plus forte que la mort.
> La paix est plus forte que la guerre.
> La foi est plus forte que le doute.
> L'espoir est plus fort que le désespoir.
> L'amour est plus fort que la haine.
> La miséricorde est plus forte que la violence.
> La confiance est plus forte que la traîtrise.
> La lumière est plus forte que l'obscurité.
> Le bien est plus fort que le mal.

> L'Eternel, lui, est dans son saint temple. Que toute la terre fasse silence devant lui ! (Ha 2.20)

Habakuk a commencé sa protestation avec agacement devant le silence de Dieu et sa négligence de ce qui se passait, mais le voici qui adopte un discours contraire au verset 20. Habakuk lui-même et tous les habitants de la terre devraient demeurer silencieux devant la grandeur et le règne de Dieu. C'est comme s'il mettait sa main devant sa bouche, comme Job le fit un jour :

> Job répondit à l'Eternel : « Je ne fais pas le poids. Que pourrais-je te répondre ? Je mets la main sur ma bouche : j'ai parlé une fois, mais je ne répliquerai plus, et même deux, mais je n'ajouterai rien. » (Jb 40.3-5)

Questions de réflexion et de discussion

1. L'expression « Le juste par la foi vivra » peut être comprise de plusieurs manières. Quelle est selon vous la meilleure interprétation ? Pourquoi ?

2. Parmi les cinq Malheurs mentionnés dans ce chapitre, choisissez-en trois que vous voyez clairement se produire dans votre société et proposez des moyens appropriés pour traiter les causes et les origines de ces maux.

3. Pourquoi devrait-on se taire en présence de Dieu ?

4. Avez-vous personnellement vécu l'importance du silence ? En quelle occasion ? Quel en a été le résultat dans votre vie ?

5. Quels sont les écrits qui ont attiré votre attention dans le journal de Taras ? Pourquoi ?

3

Des plaintes au chant !

Après avoir exprimé l'agacement, la plainte, le reproche et la confusion, Habakuk conclut son livre par la prière. Il demande à Dieu la compassion (Ha 3.1-2). Il loue Dieu avec un poème qui indique que Dieu viendra pour répondre aux besoins de son peuple (Ha 3.3-15). Le poème se termine par l'affirmation que Dieu accomplira ses desseins (Ha 3.16-18), et donnera la force à Habakuk et son peuple (Ha 3.19).

> *Prière du prophète Habakuk. Sur le mode des complaintes.* (Ha 3.1)

> Eternel, j'ai entendu ce que tu as annoncé, je suis saisi de crainte.
> Accomplis ton œuvre dans le cours des années, Eternel,
> dans le cours des années fais-la connaître,
> mais dans ta colère souviens-toi de ta compassion ! (Ha 3.2)

> Mais moi, je veux me réjouir en l'Eternel,
> je veux être dans l'allégresse à cause du Dieu de mon salut.
> L'Eternel, le Seigneur, est ma force :
> il rend mes pieds semblables à ceux des biches
> et il me fait marcher sur mes hauteurs. (Ha 3.18-19)

Le mode des complaintes, ou *shigionoth* en hébreu, est un mot dérivé de la racine hébraïque « sh/g/ah », ce qui signifie « aller loin », et fait référence à la notation musicale du poème.

Avant d'aborder ce poème expressif, je voudrais relever brièvement sa magnificence, sur le plan de la structure littéraire dans sa langue d'origine, l'hébreu, afin d'en apprécier pleinement la beauté et la signification[1].

---

1. L'analyse qui suit est basée sur M. L. BARRÉ, S.S., « Newly Discovered Literary Devices in the Prayer of Habakkuk », *CBQ* 75, 2013, p. 446-462.

Le poème s'étend du verset 2 au verset 19 et se divise en deux parties principales : la première partie couvre les versets 3-7, et la deuxième couvre les versets 16-17.

La première partie est précédée par le verset 2 et la deuxième partie est conclue par les versets 18-19. Ce qui suit est une comparaison littéraire entre le verset 2 et les versets 18-19 :

	Verset 2	Versets 18–19
Structure littéraire	Distique + tercet	Distique + tercet
Le mot Éternel (YHWH)	2 fois	2 fois
Prédicats	2 à la première personne (2a) 3 à la deuxième personne (2b)	2 à la première personne (18) 3 à la deuxième personne (19a)

En ce qui concerne la première partie du poème (3.3-7), l'auteur utilise un chiasme, structure littéraire quadrilatérale où Théman, Paran, l'Éthiopie et Madian sont mentionnés. En deuxième partie (3.16-17), nous avons un autre chiasme dans lequel les termes « trembler » en 3.16 (*ragaz* en hébreu, langue d'origine), « disparaître » en 3.17 (*gazar*), « pourrir » en 3.16 (*raqab*), « troupeau » en 3.17 (*baqar*), rendent le poème cohérent par son harmonie littéraire.

Il est intéressant de noter que dans le poème, le mouvement géographique d'Exode consiste en un déplacement de la population du Sinaï dans le sud en direction d'Edom, à travers la Jordanie (3.3-7). Habakuk décrit Dieu par trois traits qui ont été couramment utilisés dans l'Écriture hébraïque pour se référer à Dieu :

- Dieu est le Créateur (Dt 32.15), et il est le Seigneur de toute la terre (Ps 18.32 ; 114.7).
- Dieu est Saint. Sa gloire couvre les cieux (Ha 3.3).
- Dieu est le Tout-Puissant qui juge avec équité et justice (Lv 19.1 ; 20.7 ; Jr 50.29 ; 51.5).

Devant Dieu, le Créateur, le Saint, le Tout-Puissant, Habakuk ne peut qu'éprouver un sentiment d'admiration qui le pousse à la louange (Ha 3.8-19).

Un regard vers le passé

En général, les jeunes s'abstiennent de se tourner vers le passé, parce qu'ils se concentrent principalement sur le présent et que leur regard se dirige vers l'avenir. En outre, au cours de leurs années d'école, de nombreux élèves « détestaient » la matière épineuse de l'Histoire ! Mais dans notre vie quotidienne, nous ne pouvons pas éviter de nous remémorer le passé si nous voulons éviter de faire les mêmes erreurs et tirer des enseignements de ces erreurs. Le plus grand danger qui nous menace lorsque nous nous souvenons du passé, est de continuer à vivre dans sa gloire. Il est très facile de louer les accomplissements de nos ancêtres sans envisager avec sérieux, ou travailler avec diligence à recréer ces accomplissements d'une manière qui soit à la fois adaptée au temps présent et pertinente pour les temps futurs.

Habakuk débute par un chant mêlé de prière. Tout en chantant et priant, il doit se souvenir du passé avant de présenter ses supplications à Dieu :

> Eternel, j'ai entendu ce que tu as annoncé, je suis saisi de crainte.
> Accomplis ton œuvre dans le cours des années, Eternel,
> dans le cours des années fais-la connaître,
> mais dans ta colère souviens-toi de ta compassion ! (Ha 3.2).

Quel est le passé dont Habakuk se souvient ?

Le mot *shema'* traduit par « ce que tu as annoncé » au verset 3.2a est aussi traduit par « parler » ou « réputation » (comme dans 2 Ch 9:1 et Jb 28.22) dans la Bible. Dans le cadre des Écritures hébraïques, ce mot indique ce que Dieu, le Tout-Puissant, a fait durant l'Exode quand il a montré son incroyable compassion en délivrant son peuple de la souffrance endurée en Égypte à la suite de l'esclavage (voir Nb 23.23 ; Ps 44.2 ; 68.29 ; 77.12 ; 90.16 ; 95.9 ; 111.3). L'Exode évoque l'espoir, et Habakuk supplie Dieu de refaire une fois de plus ce qu'il a fait dans le passé. Quand on se remémore les faits du passé, les bienfaits, les soins et l'amour de Dieu pour son peuple sont mis en évidence. Pour les chrétiens, le souvenir de la mort et de la résurrection de Jésus-Christ (1 Co 2.3-4 ; 2 Tm 2.8) nous rappelle constamment que Dieu ne nous a pas abandonnés et qu'il ne nous abandonnera pas. D'autre part, la « venue » de Dieu dans le passé pour sauver son peuple de l'esclavage et de la souffrance devrait nous faire lever les yeux vers la bienheureuse espérance – le retour, ou deuxième avènement de Jésus-Christ. Il est à noter que l'auteur de l'épître aux Hébreux (10.36-39) a puisé dans le livre d'Habakuk (2.3) quand il fait référence à la seconde venue de Jésus :

> Oui, vous avez besoin de persévérance pour accomplir la volonté de Dieu et obtenir ainsi ce qui vous est promis. Encore bien peu, bien peu de temps, et *celui qui doit venir viendra, il ne tardera pas. Et le juste vivra par la foi ; mais s'il revient en arrière, je ne prends pas plaisir en lui.* Quant à nous, nous ne faisons pas partie de ceux

qui reviennent en arrière pour leur perte, mais de ceux qui ont la foi pour le salut de leur âme. (Hé 10.36-39, italiques dans l'original)

Habakuk s'est rendu compte que tout cela est l'œuvre de Dieu. Le Dieu qui a dirigé l'Exode, est le même Dieu qui accompagne son peuple maintenant et qui continuera toujours de l'accompagner. Tout comme Habakuk, nous devons nous rendre compte et croire que Dieu est en position de règne, de contrôle et de souveraineté. L'apôtre Paul a dit qu'il était « persuadé que celui qui a commencé en vous cette bonne œuvre la poursuivra jusqu'à son terme, jusqu'au jour de Jésus-Christ » (Ph 1.6). « En effet, c'est Dieu qui produit en vous le vouloir et le faire pour son projet bienveillant » (Ph 2.13). L'un des points essentiels au sujet de la révélation que Dieu fait de lui-même n'est pas son apparition en pleine gloire dans le Sinaï mais bien son accompagnement de son peuple tout au long de son difficile périple (Ex 40.34-38). Nous ne devrions pas nous satisfaire de ce que Dieu se révèle à nous au cours d'une expérience impressionnante ou d'une émotion ineffable, fût-elle merveilleuse ; bien au contraire, nous devrions nous attendre à ce que sa présence nous accompagne en tout temps durant le difficile et long voyage de la vie.

Habakuk demande à Dieu de montrer sa compassion. Le terme miséricorde dans le verset 3.2d, dans son contexte arabe et hébreu, est associé à l'idée du sein de la femme ; il renvoie aux notions d'affection, de tendresse, d'intimité et de dévouement. Habakuk sait que le peuple a suscité la colère de Dieu en lui désobéissant. Dès lors, il demande à Dieu de trouver la compassion et la miséricorde, au sein même de sa colère. Dans notre vie et nos actions, comme dans nos efforts d'éducation, nous avons besoin d'atteindre un équilibre entre la manifestation de la colère de Dieu contre le péché et sa compassion envers les pécheurs et les oppresseurs.

Dieu montre son omnipotence

L'omnipotence de Dieu est révélée dans son jugement contre les ennemis par le fléau de la peste (3.5). Le poème fait l'éloge de la grandeur et des victoires de Dieu. La colère de Dieu contre les fleuves est une expression courante dans la littérature antique proche-orientale quand elle décrit la toute-puissance de Dieu. Le poème décrit cette toute-puissance en adressant le courroux de Dieu contre celui qui l'empêche de mener à bien sa volonté. Il est le guerrier qui tire les flèches (3.9, 11) et nulle force humaine ne peut se mettre en travers de son chemin ! À une époque où l'on aspire à des positions de pouvoir partout dans le

monde, nous avons besoin de nous rappeler constamment que Dieu seul est le
véritable centre du pouvoir !

Nous avons mentionné à plusieurs reprises les deux plus importantes
questions soulevées par Habakuk : Pourquoi ? Et combien de temps cela va-t-il
durer, ô Éternel ? (1.2). À la fin du livre d'Habakuk, nous constatons que Dieu
entend et agit. Dieu n'oublie pas ses promesses mais intervient comme le sauveur
de son peuple, en temps voulu :

> Tu sors pour délivrer ton peuple,
> pour délivrer celui que tu as consacré par onction.
> Tu brises le faîte de la maison du méchant,
> tu la détruis de fond en comble. (Ha 3.13).

La traduction en arabe par les Pères Feghaly et Aoukar explique la dernière
partie du verset ainsi que le verset suivant (3.14) :

> Tu transperces de leurs propres flèches la tête de ses chefs
> qui se précipitaient comme une tempête pour nous disperser.
> Ils poussaient des cris de joie,
> comme s'ils dévoraient déjà le malheureux dans leur repaire. (Ha 3.14)

Ne voyons-nous pas ici un écho à ce que l'apôtre Paul a dit :

> Vous qui étiez morts en raison de vos fautes et de l'incirconcision
> de votre corps, il vous a rendus à la vie avec lui. Il nous a pardonné
> toutes nos fautes, il a effacé l'acte rédigé contre nous qui nous
> condamnait par ses prescriptions, et il l'a annulé en le clouant à
> la croix. Il a ainsi dépouillé les dominations et les autorités et les
> a données publiquement en spectacle en triomphant d'elles par la
> croix. (Col 2.13-15)

Et n'y trouvons-nous pas aussi une image de ce que Jésus-Christ a accompli
dans son œuvre d'expiation quand il a détruit l'œuvre du diable : « Celui qui
pratique le péché est du diable, car le diable pèche dès le commencement. Or,
c'est pour détruire les œuvres du diable que le Fils de Dieu est apparu » (1 Jn 3.8).

La rage et la force de Dieu se déplacent de la nature vers les nations (Ha 3.12-
15). Ici, Dieu affirme à Habakuk qu'il utilise les nations à son gré et les condamne
comme il le souhaite. Et c'est justement là que réside le dilemme d'Habakuk, ainsi
que le nôtre d'ailleurs. Il est important de relever que Dieu châtie les nations
selon ses propres mesures et normes de justice, et en fonction de la manière dont
ces nations traitent son peuple (Gn 12.3 ; Es 26.12-20 ; Jl 3.1-8 ; Ab 15 et 16 ;

So 2.10). Dieu châtiera les nations méchantes et malfaisantes en temps voulu et apportera le salut à son peuple.

La relation avec Dieu

Que se passe-t-il lorsqu'une personne fait l'expérience de la toute-puissance de Dieu, comme Habakuk en a fait l'expérience ? Dans Habakuk 3.2, le prophète demande à Dieu de lui montrer son œuvre et de la faire revivre. Mais qu'a vu Habakuk ? Dieu lui a fait montre de sa grandeur, son pouvoir, sa sainteté, son omnipotence et son jugement. Habakuk discerne à présent qui est Dieu, et suite à cette réalisation, nous le voyons exprimer les sentiments de l'ennemi devant la toute-puissance de Dieu. L'ennemi doit sûrement trembler et être terrifié.

> J'ai entendu et je suis tout bouleversé.
> A cette voix, mes lèvres tremblent,
> la pourriture vient dans mes os
> et mes jambes tremblent.
> Sans bouger j'attends le jour de la détresse,
> le jour où notre assaillant marchera contre le peuple. (Ha 3.16)

C'est ainsi qu'Habakuk exprime les sentiments de l'ennemi quand « le jour de la détresse » vient sur eux. Dans la deuxième partie du verset, il exprime également ses propres sentiments ; il est las, triste, perdu, mais il se délivre aussi de son souci. Il attend « sans bouger » parce qu'il veut croire que Dieu a ses propres desseins, et qu'il les réalisera quand il le souhaite. L'exemple de cette foi en Dieu peut-il nous aider à nous attendre à Dieu, au milieu des vicissitudes de la vie ?

Non seulement le livre d'Habakuk nous enseigne que Dieu est le seigneur absolu, qu'il châtie par la justice et le droit, qu'il est le vainqueur ultime face à tous ses ennemis (3.3-15), mais il insiste également sur la relation entre le croyant et son Dieu. Cette relation est essentielle lorsque nous sommes confrontés à la détresse, aux peurs et aux difficultés. Ce n'est plus uniquement pour Habakuk que Dieu est le créateur omnipotent, c'est aussi pour *mon* salut (3.18). Il est plus que le « Seigneur » (Yahvé) qui gouverne l'univers et s'engage dans une alliance avec son peuple, il est également devenu « *ma force* » (3.19). C'est cela, une relation personnelle avec Dieu !

> Mais moi, je veux me réjouir en l'Eternel,
> je veux être dans l'allégresse à cause du Dieu de mon salut.
> L'Eternel, le Seigneur, est ma force :

il rend mes pieds semblables à ceux des biches
et il me fait marcher sur mes hauteurs. (Ha 3.18-19)

Quand la connexion Internet se coupe

J'ai demandé à un certain nombre de jeunes et d'adolescents ce qu'ils ressentent lorsqu'ils perdent leur connexion Internet. Voici un échantillon de leurs réponses :

- Je ne peux même pas imaginer ma vie si Internet tombe en panne !
- Tout ce qu'il y a d'amusant dans la vie disparaît.
- Je me sens perdu sans amis ou voisins.
- Je suis hystérique !
- Je jure comme un charretier.
- Je commence par me plaindre et au bout du compte, je finis par pleurer.

Quand la connexion Internet se coupe, cela provoque un pic de stress chez beaucoup de jeunes, mais pour Habakuk, c'est encore bien plus que cela. Il fait l'expérience d'un terrible sentiment de rupture avec les troupeaux, l'espoir, la nourriture et la vie, et conclut son livre en décrivant les choses qui vont arriver à son peuple à la suite de l'invasion des Chaldéens :

En effet, le figuier ne fleurira pas,
la vigne ne produira rien,
le fruit de l'olivier manquera,
les champs ne donneront pas de nourriture ;
les brebis disparaîtront du pâturage,
et il n'y aura plus de bœufs dans les étables. (Ha 3.17)

C'est une scène terrifiante ! Si une panne d'Internet provoque chez nos jeunes les émotions que nous avons décrites, qu'en serait-il de tout un peuple souffrant de privations et de faim ? Une vie où il n'y a pas de plantes, de fruits, de boissons, de bruits d'animaux ou de nourriture est un tableau bien sombre.

Le terme « en effet » indique que la catastrophe est inévitable, et risque de se reproduire dans le futur. Au milieu de cette tragique réalité, nous nous attendons à ce qu'Habakuk soit sombre, angoissé et déprimé, mais nous sommes surpris par sa réaction :

Mais moi, je veux me réjouir en l'Eternel,
je veux être dans l'allégresse à cause du Dieu de mon salut.
L'Eternel, le Seigneur, est ma force :
il rend mes pieds semblables à ceux des biches
et il me fait marcher sur mes hauteurs. (Ha 3.18-19)

Notons que ce ne sont pas les bénédictions de Dieu qui rendent Habakuk heureux et joyeux, car ces dernières vont disparaître avec l'invasion des Chaldéens. Et pourtant il se réjouit en l'Éternel et exulte en le Dieu de son salut. Il attend avec impatience que Dieu lui accorde la force et la capacité de continuer à avancer dans la vie quelles que soient les circonstances.

Au cours de leur exil, trois jeunes gens ont affronté une situation similaire à celle d'Habakuk. Ils furent soumis à une très dure épreuve : allaient-ils accepter d'adorer l'idole érigée par le roi, ou allaient-ils refuser ? S'ils acceptaient, ils seraient épargnés et s'ils refusaient, ils seraient condamnés à périr par le feu. Avaient-ils confiance dans la capacité de leur Seigneur à les sauver du feu ? Et leur Seigneur voudrait-il le faire ? Ils réfléchirent longuement à ces questions avant de prendre leur décision comme suit :

> Shadrak, Méshak et Abed-Nego répliquèrent au roi Nebucadnetsar :
> « Nous n'avons pas besoin de te répondre là-dessus. Notre Dieu,
> celui que nous servons, peut nous délivrer de la fournaise ardente,
> et il nous délivrera de ton pouvoir, roi. Et même s'il ne le faisait
> pas, sache, roi, que nous ne servirons pas tes dieux et que nous
> n'adorerons pas la statue en or que tu as dressée ». (Dn 3.16-18)

La phrase clé de leur réponse est : « Et même s'il ne le faisait pas » (3.18), qui peut aussi se comprendre comme : « dans tous les cas », signifiant qu'ils n'adoreraient jamais la statue d'or, que Dieu décide, ou non, de les sauver. Que nous soyons coupés de connexion Internet, ou de bétail et de nourriture, de fortune, de célébrité, de foyer ou d'amis, notre foi en Dieu ne doit pas être ébranlée, ni notre fidélité à lui, ni notre assurance en lui. Ceci est conforme à la vision de l'apôtre Paul, qui pensait fermement que l'expérience de la présence de Dieu apporte la force de faire face à toutes les circonstances de la vie. Il a écrit :

> Que dirons-nous donc de plus ? Si Dieu est pour nous, qui sera contre
> nous ? Lui qui n'a pas épargné son propre Fils mais l'a donné pour
> nous tous, comment ne nous accorderait-il pas aussi tout avec lui ?
> Qui accusera ceux que Dieu a choisis ? C'est Dieu qui les déclare
> justes ! Qui les condamnera ? [Jésus-]Christ est mort, bien plus, il
> est ressuscité, il est à la droite de Dieu et il intercède pour nous ! Qui
> nous séparera de l'amour de Christ ? Serait-ce la détresse, l'angoisse,
> la persécution, la faim, le dénuement, le danger ou l'épée ? De fait,
> il est écrit : C'est à cause de toi qu'on nous met à mort à longueur
> de journée, qu'on nous considère comme des brebis destinées à
> la boucherie. Au contraire, dans tout cela nous sommes plus que

vainqueurs grâce à celui qui nous a aimés. En effet, j'ai l'assurance que ni la mort ni la vie, ni les anges ni les dominations, ni le présent ni l'avenir, ni les puissances, ni la hauteur, ni la profondeur, ni aucune autre créature ne pourra nous séparer de l'amour de Dieu manifesté en Jésus-Christ notre Seigneur. (Rm 8.31-39)

Questions de réflexion et de discussion

1. Êtes-vous déjà passé du désespoir le plus profond à la félicité la plus pure ? En quelle occasion ?

2. Pourquoi est-il important de tourner notre regard vers le passé ?

3. Quels sont les choses qui ont attiré votre attention dans le livre 3 d'Habakuk ? Pourquoi ?

4. Quelle est l'importance d'une relation personnelle avec Dieu face aux difficultés et aux turbulences de la vie ?

4

Sommes-nous de pénibles consolateurs ?

Job a souffert de bien des malheurs dans sa vie et avait grand besoin de réconfort. Certains de ses amis sont venus le consoler. Ils ont fait de leur mieux pour lui prodiguer des mots de réconfort, des pensées religieuses et philosophiques liées aux raisons possibles des calamités qui s'abattaient sur lui. Au milieu de leurs tentatives de « consolation », Job leur dit :

> J'ai entendu beaucoup de propos semblables.
> Vous êtes tous des consolateurs pénibles.
> Quand finiront ces discours qui ne sont que du vent ?
> Pourquoi cette irritation dans tes réponses ?
> Moi aussi, je pourrais parler comme vous,
> si vous étiez à ma place :
> j'alignerais les discours contre vous,
> je hocherais la tête sur vous. (Jb 16.2-4)

Il semble que leurs longs discours aient généré un fardeau de tristesse plutôt que du réconfort ; ainsi, Job les traite tous de « pénibles consolateurs » !

Dans ce chapitre[1], je voudrais partager certaines questions pratiques liées aux souffrances et difficultés et à la manière d'aider les autres à les endurer, sans que notre réconfort ne devienne pour eux un fardeau. Certains se demandent : « Pourquoi moi ? Pourquoi devrais-je souffrir ? Où est Dieu pendant que je suis en pleine souffrance ? Y-a-t-il un but à la souffrance ? ».

---

1. Je dois ce chapitre à J. S. Feinberg, *Deceived by God? A Journey Through Suffering*, Wheaton, Crossway, 1997. Je recommande fortement la lecture de ses deux livres sur le sujet de la souffrance et des épreuves.

Pourquoi moi ?

Nombre d'entre nous se posent la question « pourquoi moi ? », particulièrement ceux dont la vie est empreinte de foi et d'intégrité. Cette question comporte deux parties. La première est implicite : Qu'ai-je fait de mal, Seigneur, pour que tu me punisses ? La seconde exprime : Pourquoi certains jouissent-ils de la santé et du confort alors que je souffre ? En d'autres termes, où est ta justice, Seigneur ? La première question pourrait être soulevée parce que beaucoup croient que la souffrance est la conséquence d'actes répréhensibles. C'est ce que pensaient les amis de Job. Ils ne pouvaient concevoir l'idée que Dieu permettrait à une personne aussi vertueuse que Job de souffrir. Par conséquent, Job devait sûrement avoir commis quelque péché, et Dieu le punissait pour cela. Il est inutile et même dangereux de dire à une personne qui souffre : « Tu dois sûrement avoir péché ! » J'espère que je ne me fais pas mal comprendre. Il ne fait aucun doute que Dieu condamne le mal et qu'il a décidé du jour du Jugement Dernier, mais la Bible affirme par ailleurs que les méchants peuvent jouir du succès et de la prospérité (Ps 73) et que les vertueux peuvent se retrouver dans la souffrance et la peine (Jd 1.8 ; 1 P 4.12-19). De surcroît, qui sommes-nous pour juger que quelqu'un est vertueux ou méchant en nous basant sur les apparences ? En supposant que Dieu punit une personne pour son péché, la conscience de cette personne suffit pour l'en informer, il n'est nul besoin que nous lui rappelions ce que, peut-être, elle sait déjà. Au lieu de porter des jugements sur les autres, nous devrions plutôt les aider à discerner ce que Dieu pourrait vouloir leur dire par leur souffrance.

Concernant la deuxième question, nous devons retenir que Dieu, le Souverain, accorde ses grâces à qui il le souhaite, et quand il décide de le faire, personne ne devrait envier ceux auxquels Dieu accorde ses grâces. Lorsque la personne qui souffre se compare à d'autres et demande où se trouve la justice de Dieu, elle recevra la réponse de la parabole des ouvriers dans la vigne, une histoire racontée par Jésus-Christ dans Matthieu 20.1-16 :

> En effet, le royaume des cieux ressemble à un propriétaire qui sortit dès le matin afin d'embaucher des ouvriers pour sa vigne. Il se mit d'accord avec eux pour un salaire d'une pièce d'argent par jour et les envoya dans sa vigne. Il sortit vers neuf heures du matin et en vit d'autres qui étaient sur la place, sans travail. Il leur dit : « Allez aussi à ma vigne et je vous donnerai ce qui sera juste. » Et ils y allèrent. Il sortit de nouveau vers midi et vers trois heures de l'après-midi et il fit de même. Il sortit enfin vers cinq heures de l'après-midi et en trouva d'autres qui étaient là [sans travail].

Il leur dit : « Pourquoi vous tenez-vous ici toute la journée sans travailler ? » Ils lui répondirent : « C'est que personne ne nous a embauchés. » « Allez aussi à ma vigne, leur dit-il, [et vous recevrez ce qui sera juste]. » Le soir venu, le maître de la vigne dit à son intendant : « Appelle les ouvriers et paie-leur le salaire, en allant des derniers aux premiers. » Ceux de cinq heures de l'après-midi vinrent et reçurent chacun une pièce d'argent. Quand les premiers vinrent à leur tour, ils pensèrent recevoir davantage, mais ils reçurent aussi chacun une pièce d'argent. En la recevant, ils murmurèrent contre le propriétaire en disant : « Ces derniers arrivés n'ont travaillé qu'une heure et tu les as traités comme nous, qui avons supporté la fatigue du jour et de la chaleur ! » Il répondit à l'un d'eux : « Mon ami, je ne te fais pas de tort. N'as-tu pas été d'accord avec moi pour un salaire d'une pièce d'argent ? Prends ce qui te revient et va-t'en. Je veux donner à ce dernier arrivé autant qu'à toi. Ne m'est-il pas permis de faire ce que je veux de mes biens ? Ou vois-tu d'un mauvais œil que je sois bon ? » Ainsi les derniers seront les premiers et les premiers seront les derniers. [Beaucoup sont invités mais peu sont choisis.]

Notez que les travailleurs qui ont été embauchés par le propriétaire de la vigne au début de la journée ont reçu leur salaire de manière juste et équitable, selon les modalités convenues. Par conséquent, lorsque le propriétaire leur a payé leur salaire, il les traitait avec justice, et il n'y avait aucune raison de la contester. Quant aux autres travailleurs, le propriétaire de la vigne a choisi d'aller au-delà du principe de justice et de montrer sa richesse et sa générosité. Le docteur Feinberg, à juste titre, a écrit : « Si vous rencontrez des souffrances, ne rechignez pas à la présence de la grâce de Dieu dans la vie des autres. Si vous recevez les bienfaits de Dieu plutôt que la souffrance, louez Dieu et faites preuve de miséricorde et de compassion pour ceux qui souffrent. Ne vous sentez pas gênés si vous recevez les grâces, et ne pensez pas que par leur obtention, vous êtes en droit de vous sentir plus méritants que d'autres qui en sont privés[2]. »

En toute chose, Dieu œuvre pour le bien

Le verset 28 de Romains 8 est le verset le plus cité quand nous essayons de réconforter ceux qui souffrent. Avant d'aborder les particularités de cette

2. J. S. Feinberg, *Deceived by God? A Journey Through Suffering*, Wheaton, Crossway, 1997, p. 93.

partie du verset, il serait utile de citer l'ensemble du contexte dans lequel il est mentionné :

> Du reste, nous savons que tout contribue au bien de ceux qui aiment Dieu, de ceux qui sont appelés conformément à son plan. En effet, ceux qu'il a connus d'avance, il les a aussi prédestinés à devenir conformes à l'image de son Fils, afin que celui-ci soit le premier-né d'un grand nombre de frères. Ceux qu'il a prédestinés, il les a aussi appelés ; ceux qu'il a appelés, il les a aussi déclarés justes ; et ceux qu'il a déclarés justes, il leur a aussi accordé la gloire. (Rm 8.28-30)

Dans les chapitres 5-8 de son épître à l'Église de Rome, l'apôtre Paul souligne que toutes les difficultés, les épreuves, les souffrances et les persécutions dont nous souffrons sont sous le contrôle et la souveraineté de Dieu. Il veut nous offrir les garanties et le réconfort liés à l'au-delà. Il parle des « souffrances du moment présent » (8.18) en les mettant en balance avec la gloire future qui nous attend dans l'éternité. Le texte ci-dessus ne parle pas uniquement de l'éternité, mais se réfère également à la vie actuelle, en particulier au verset 28 : « Du reste, nous savons que tout contribue au bien de ceux qui aiment Dieu, de ceux qui sont appelés conformément à son plan. »

Quel est le sens du verset 28 ? Comment devons-nous le comprendre et l'utiliser quand nous consolons et réconfortons les autres ?

« **Tout**. » Dans l'optique de certains, ce terme se référerait à toutes les choses de la vie, y compris les évènements négatifs que nous rencontrons. Un jour, j'ai entendu quelqu'un dire à un homme qui avait perdu son fils dans un accident de voiture : « Ce qui est arrivé à votre fils vient de Dieu et Dieu transformera cela en quelque chose de bon. » Ce commentaire est loin de la vérité. Le mal est le mal et ne peut pas être décrit autrement. Assassiner est mal, point à la ligne. Ce n'est pas parce que Dieu peut transformer le mal en bien que le mal cesse d'en être un. Dieu a utilisé la crucifixion de Jésus-Christ pour notre salut, mais cela ne transforme pas la crucifixion en une bonne chose pour autant. Le crime demeure un mal. Dans ce verset, Paul ne dit pas que « toutes choses » sont bonnes, mais qu'elles « contribuent au bien » !

« **Tout contribue au bien**. » Nous utilisons souvent cette phrase pour exprimer ce qui suit : la vie est comme un gâteau qui comprend de nombreux ingrédients tels que les œufs, le sucre, le bicarbonate de soude, l'eau et le sel. Lorsque ces ingrédients sont mélangés correctement, le résultat final est un gâteau savoureux. C'est pourquoi certains pensent que tout ce qui se passe dans notre vie est le résultat d'un mélange spécial de Dieu pour obtenir au final une belle vie. C'est pourquoi d'aucuns diraient : « Il est vrai que vous avez perdu votre travail, mais soyez sûrs que Dieu a en réserve un meilleur travail pour vous. » Ou encore : « Ne soyez pas triste que votre fiancé vous a quittée. Dieu trouvera un meilleur partenaire pour vous. » Utiliser de tels arguments de « réconfort » sur la base de ce verset est trompeur et décevant. Bien des gens, honnêtes et croyants, ont dû quitter leur travail et n'ont pu retrouver de poste équivalent, mais ont dû se contenter d'un poste de moindre niveau. Bien des jeunes filles ont été délaissées par leur fiancé et n'en ont pas retrouvé de meilleur ! Nous ne devrions pas consoler les autres par des phrases superficielles. Le problème ici est de comprendre deux questions : Qu'est-ce que l'on entend par « tout contribue » ? Quelle est la signification du terme « bien » ?

Ce que l'on doit comprendre n'est pas que « toutes choses » travaillent l'une avec l'autre, ni qu'elles « travaillent ensemble ». Bien au contraire, Paul affirme ici que les choses ne fonctionnent pas par elles-mêmes, elles travaillent avec le Saint-Esprit, avec Dieu pour parvenir à ses bonnes fins, « au bien ». Notre problème avec le sens du mot « bien » est notre compréhension totalement matérialiste et étroite du sens de ce terme. Ce terme désigne ici le salut du croyant, et non tout ce qui apporte réconfort et consolation. Pour Dieu, « le bien » est ce qui sert sa gloire. Dieu est glorifié lorsque ses enfants vivent comme le Christ. Dès lors, Paul met l'accent sur l'importance d'être « conformes à l'image de son fils » (8.29) et il indique que le « bien » sert à la gloire que Dieu nous accorde (8.30)[3]. Il est important de noter que dans la même épître, Paul affirme que Dieu se sert parfois de la souffrance pour nous préparer à la gloire à venir.

> Ainsi donc, déclarés justes sur la base de la foi, nous avons la paix avec Dieu par l'intermédiaire de notre Seigneur Jésus-Christ ; c'est aussi par son intermédiaire que nous avons accès par la foi à cette grâce, dans laquelle nous tenons ferme, et nous plaçons notre fierté dans l'espérance de prendre part à la gloire de Dieu. Bien plus, nous sommes fiers même de nos détresses, sachant que la détresse produit la persévérance, la persévérance la victoire dans l'épreuve, et la victoire dans l'épreuve l'espérance. Or cette espérance ne trompe pas, parce que l'amour de Dieu est déversé dans notre cœur par le Saint-Esprit qui nous a été donné. (Rm 5.1-5)

Cela ne signifie pas que le « bien » ne peut jamais inclure les bénédictions temporelles qui nous sont données par la grâce de Dieu, mais il ne faudrait pas limiter la notion de « bien » à cette vision étroite.

---

3. D. J. Moo, *Romans: The NIV Application Commentary: From Biblical Text to Contemporary Life*, Grand Rapids, Zondervan, 2000.

« **Ceux qui aiment Dieu**. » Quand nous utilisons ce verset pour consoler ceux qui sont dans la souffrance et la détresse, nous nous devons d'avertir contre la mauvaise interprétation de la portion de phrase « ceux qui aiment Dieu », car justement, la personne qui souffre pourrait penser que la raison pour laquelle les choses tournent mal est son manque d'amour pour Dieu. Cette personne pourrait penser : « Il semble qu'en raison de mon peu d'amour pour lui, Dieu n'apporte pas dans ma vie le bien qu'il a promis. Le problème vient de moi. » La phrase « ceux qui aiment Dieu » ne signifie pas qu'il y a un prérequis tel que : « tourner les choses vers le bien requiert que vous ayez plus d'amour pour Dieu. » Il s'agit simplement d'une clarification qui indique que cela s'adresse aux croyants, et toutes les phrases qui la suivent ne sont qu'un supplément de clarification et d'explication et n'entendent pas poser de condition[4].

« Dieu t'a sauvée de quelque chose de pire » ou « Je remercie Dieu pour tout ! »

Un bébé fille meurt et d'aucuns commencent à consoler la mère en lui disant : « Tu ne sais pas ce qu'elle serait devenue si elle était restée en vie. Elle t'aurait peut-être causé une grande souffrance, Dieu t'a sauvée du pire ! » Tout d'abord, dire cela à une mère en deuil de sa fille qui vient de mourir briserait son cœur à nouveau. Deuxièmement, ces paroles sous-entendent que ce qui est arrivé n'est pas si terrible et là réside le problème. Quand l'apôtre Paul a appelé les gens à rendre grâce en toutes circonstances (1 Th 5.18), il ne leur disait pas d'être reconnaissants pour toutes les choses. Il n'y a pas de quoi remercier Dieu pour le mal et les événements terribles qui se produisent dans notre vie. Je suis triste d'entendre que certains croyants remercient Dieu pour les maux comme si ceux-ci étaient une « grâce » que Dieu leur donne ! Ce que Paul nous demande de faire est de rendre grâces en toutes circonstances !

Jacques parle des épreuves et nous invite à les considérer comme des occasions de joie (Jc 1.1-2). Il n'entend pas qualifier la détresse de joie, ou même se réjouir de la présence du malheur ; il nous invite simplement à trouver de la joie au sein des infortunes et des épreuves, sachant que Dieu est avec nous et peut accomplir ses desseins dans nos vies. Cependant, les malheurs et les calamités se sont produits et ont prévalu. Mais comment Dieu « utilise »-t-il la souffrance et la

4. J. D. G. Dunn, *Word Biblical Commentary: Volume 38A, Romans 1-8*, Nashville, Thomas Nelson, 1988.

douleur dans nos vies ? Il n'y a pas de réponse unique à cette question cruciale, mais nous pouvons éclairer le sujet à partir de diverses perspectives.

En premier lieu, l'apôtre Jean nous dit que la douleur et la guérison sont une façon de mettre en relief la gloire et la force de Dieu dans la vie des gens (Jn 9.1-3). Deuxièmement, Dieu utilise les souffrances et la douleur pour montrer notre foi authentique. Le diable accuse Job de craindre Dieu pour l'unique raison qu'il obtient des gains matériels de Dieu lors des bénédictions temporelles. « Est-ce de façon désintéressée que Job craint Dieu ? », Satan nargue (Jb 1.9). À travers la souffrance de Job, Dieu a voulu affirmer que Job n'adore pas Dieu pour le bien qu'il lui procure. L'apôtre Pierre nous exhorte en disant :

> [...] mais respectez dans votre cœur la sainteté de Dieu le Seigneur. Soyez toujours prêts à défendre l'espérance qui est en vous, devant tous ceux qui vous en demandent raison, [mais] faites-le avec douceur et respect, en gardant une bonne conscience, afin que là même où ils vous calomnient [comme si vous faisiez le mal], ceux qui critiquent votre bonne conduite en Christ soient couverts de honte. En effet, il vaut mieux souffrir, si telle est la volonté de Dieu, en faisant le bien qu'en faisant le mal. (1 P 3.15-17)

Le passage ci-dessus est cité hors contexte. Nous pouvons penser que Pierre parle de la défense d'un(e) croyant(e) de sa foi à tout moment. Mais dans ce contexte, il s'agit de douleur, de souffrance et de persécution. En effet, Pierre dit ici que la douleur offre une occasion de montrer notre foi véritable et authentique aux autres, comme si nous la partagions avec eux, non seulement oralement mais par notre comportement.

Troisièmement, la plupart des interprètes estiment que le « mal » auquel Pierre se réfère serait un état dont il souffrait et qui lui causait de la détresse, peut-être pour effacer la vanité et l'arrogance de sa vie et de son service (1 Co 12.8-9). Parfois, Dieu nous parle par de multiples moyens, mais le chaos de la vie nous empêche de l'entendre. Cependant, quand il permet à la douleur d'interférer dans notre vie, nous nous éveillons de notre torpeur, nous accordons plus d'attention à certaines questions et devenons plus forts. C. S. Lewis a écrit : « Dieu murmure à notre oreille dans nos plaisirs, parle dans notre conscience, mais crie fort dans nos douleurs : c'est son mégaphone pour réveiller un monde sourd[5]. » Par conséquent, la douleur constitue une occasion de grandir dans

---

5. C. S. Lewis, *The Problem of Pain*, San Francisco, HarperSanFrancisco, 2001, p. 91. Il existe une traduction française de ce livre : *Le problème de la souffrance*, trad. de l'anglais par Marguerite Faguer, Le Mont-Pèlerin, Editions Raphaël, 2005.

l'adoration et dans la gloire, ainsi que l'affirme Pierre : « Ainsi donc, puisque Christ a souffert [pour nous] dans son corps, vous aussi armez-vous de la même pensée : celui qui a souffert dans son corps en a fini avec le péché afin de ne plus vivre en suivant les désirs des hommes, mais la volonté de Dieu, pendant le temps qu'il lui reste à vivre ici-bas » (1 P 4.1-2).

Dieu utilise donc notre souffrance pour nous purifier de l'impureté. « C'est ce qui fait votre joie, même si maintenant, puisqu'il le faut, vous êtes pour un peu de temps attristés par diverses épreuves. Ainsi, la valeur éprouvée de votre foi – beaucoup plus précieuse que l'or, qui est périssable et que l'on soumet pourtant à l'épreuve du feu – aura pour résultat la louange, la gloire et l'honneur lorsque Jésus-Christ apparaîtra » (1 P 1.6-7).

Pierre n'affirme pas ici que la souffrance est plus précieuse que l'or. Ce qu'il dit plutôt, c'est que la foi qui naît de l'expérience de la souffrance est plus précieuse que l'or. La douleur motive la sainteté en nous lors de notre cheminement dans la foi, la persévérance, l'endurance et la fermeté (Jc 1.2-4 ; Rm 5.3-4 ; 1 P 5.10). Le Christ lui-même a appris l'obéissance au moyen de la souffrance (Hé 5.8). Par ailleurs, en maintes occasions, Pierre associe la souffrance et la gloire (1 P 1.6–7, 11, 21 ; 2.12, 19–21 ; 3.9, 14–22 ; 4.1, 4, 12–16, 19 ; 5.1–6, 9–10).

Consoler ceux qui pleurent

Alors que j'entamais l'écriture de ce chapitre, j'ai reçu une terrible nouvelle qui nous a ébranlés, ma femme et moi. Elle concernait une jeune fille d'à peine vingt ans, atteinte d'une tumeur maligne qui se métastasait et rongeait son jeune corps. Qu'allais-je pouvoir dire à mes amis, ses parents, pour les réconforter ? Leur parlerais-je d'Habakuk ? Allais-je leur servir de belles pensées philosophiques sur le dilemme de la douleur et des souffrances ? Permettez-moi de partager ici ce que j'ai écrit à mes amis :

> Mes très chers amis, je rentre tout juste de voyage et viens d'apprendre la terrible nouvelle. Je souhaite encore qu'elle ne fût pas vraie. Ce n'est pas le moment des pensées théologiques et philosophiques, mais c'est le moment de vous dire que nous vous aimons et que cela nous brise le cœur de vous voir traverser cette souffrance, en particulier la douleur que notre chère (____) doit éprouver ces jours-ci. Il n'est jamais facile de trouver du réconfort au sein d'une telle épreuve, mais sachez que vous et surtout (____), êtes dans nos pensées et nos prières. Nous partageons votre peine.

Si nous pouvons aider à alléger le fardeau et la douleur de quelque manière que ce soit, ce sera un honneur pour nous.

Quand l'écrivain C. S. Lewis écrivit son livre *Le problème de la souffrance*, il mentionna dans son avant-propos que ceux qui souffrent ont besoin non seulement de *savoir* mais aussi de *sentir* que quelqu'un est là pour les soutenir dans les moments difficiles. Le docteur Feinberg a écrit son premier mémoire de maîtrise sur Job et son deuxième sur la souveraineté de Dieu et le libre arbitre des êtres humains. Sa thèse de doctorat portait sur le problème du mal d'un point de vue philosophique, mais quand sa femme souffrit d'une maladie chronique rare, il écrivit : « Quand une personne fait face à un mal et à des souffrances dans sa vie personnelle, les idées philosophiques et théologiques sont tout à fait inutiles à ce moment-là, car le problème est essentiellement émotionnel[6]. »

Les psychologues nous disent que les humains passent par plusieurs étapes quand ils font face à la détresse et à la souffrance. Par conséquent, quand une personne est dans le premier stade de la souffrance, il est bon de lui dire que nous sommes là pour elle. Déclarer à une personne en souffrance « je sais exactement par quoi tu passes » ne serait pas vraiment honnête. Il vaudrait mieux lui dire : « Je suis avec toi, ta douleur me touche. Personne ne peut vraiment ressentir ce que tu ressens. »

Attendre l'éternité !

Nous devrions nous efforcer de tourner l'attention et les pensées d'une personne qui souffre vers la vie éternelle qui attend ceux qui croient en Jésus-Christ comme étant leur Dieu et Sauveur. L'apôtre Jean nous révèle ce qui nous attend dans la vie éternelle. Il écrit dans son livre de l'Apocalypse :

> Puis je vis un nouveau ciel et une nouvelle terre, car le premier ciel et la première terre avaient disparu et la mer n'existait plus. Je vis descendre du ciel, d'auprès de Dieu, la ville sainte, la nouvelle Jérusalem, préparée comme une mariée qui s'est faite belle pour son époux. J'entendis une voix forte venant du ciel qui disait : « Voici le tabernacle de Dieu parmi les hommes ! Il habitera avec eux, ils seront son peuple et Dieu lui-même sera avec eux, [il sera leur Dieu]. Il essuiera toute larme de leurs yeux, la mort ne sera plus et il n'y aura plus ni deuil, ni cri, ni douleur, car ce qui existait avant a disparu. » Celui qui était assis sur le trône dit : « Voici que je fais toutes choses

---

6. Feinberg, *Deceived by God?*, p. 37.

nouvelles. » Il ajouta : « Ecris cela, car ces paroles sont dignes de confiance et vraies. » Puis il me dit : « Je suis l'Alpha et l'Oméga, le commencement et la fin. A celui qui a soif, je donnerai à boire gratuitement de la source de l'eau de la vie. Le vainqueur recevra cet héritage, je serai son Dieu et il sera mon fils. Quant aux lâches, aux incrédules, [aux pécheurs,] aux abominables, aux meurtriers, à ceux qui vivent dans l'immoralité sexuelle, aux sorciers, aux idolâtres et à tous les menteurs, leur part sera dans l'étang ardent de feu et de soufre. C'est la seconde mort. » (Ap 21.1-8)

Malgré cette vérité glorieuse que nous vivrons dans l'éternité, nous devrions faire attention à garder un juste milieu entre « ce qui est présent » et « ce qui est dans l'avenir », entre « le déjà » et « ce qui n'est pas encore ». L'intervalle de temps dans lequel nous vivons se situe entre le « présent » et « l'avenir », et nous devrions nous attendre à des épreuves, des souffrances et des peines pendant cette période. Ce qui est dans l'avenir ne doit pas nous conduire à négliger les affaires du présent et l'engagement dans le service ou la mission, dans tous leurs aspects. Par conséquent, quand Paul se retrouve face à deux choix, partir vers l'autre vie ou rester dans le corps, nous le voyons opter pour le deuxième choix :

En effet, Christ est ma vie et mourir représente un gain. Cependant, s'il est utile pour ma tâche que je vive ici-bas, je ne saurais dire ce que je dois préférer. Je suis tiraillé des deux côtés : j'ai le désir de m'en aller et d'être avec Christ, ce qui est de beaucoup le meilleur, mais à cause de vous il est plus nécessaire que je continue à vivre ici-bas. (Ph 1.21-24)

Cependant, tout en favorisant le choix de la vie éternelle, il a travaillé diligemment et laborieusement tout le temps qu'il a dû rester « ici-bas ».

Questions de réflexion et de discussion

1. Votre compréhension de Romains 8.28 a-t-elle changé après avoir lu ce chapitre ? Si oui, de quelle manière ?

2. Réfléchissez à comment vous pourriez trouver le juste milieu dans votre vie quotidienne entre ce qui est « éternel » et « à venir dans le futur » et ce qui est « déjà » et « pas encore » ? Citez quelques exemples pratiques.

3. Connaissez-vous quelqu'un qui a besoin de réconfort en ce moment ? Si oui, comment allez-vous tirer profit de ce chapitre pour apporter du réconfort à cette personne ?

4. Existe-t-il d'autres manières qui pourraient conduire à être « de pénibles consolateurs » ? Quelles sont-elles ?

Conclusion

Tu es bon pour tous !

Il n'est pas facile de voir la justice de Dieu lorsqu'on traverse une crise et que l'on doit faire face à la détresse et la souffrance. Dans de telles circonstances, plusieurs options s'offrent à nous. Nous pouvons nous complaire dans nos problèmes et continuer à nous plaindre et à nous apitoyer sur nous-mêmes. Nous pouvons rejeter la présence de Dieu de nos vies, et même le combattre de toutes nos forces. Nous pouvons faire un pas irrationnel vers la foi, sans rien remettre en question, sans nous plaindre ou même réfléchir. Ou encore, nous pouvons garder notre confiance et notre foi en la justice et l'amour de Dieu, continuer à l'adorer et poursuivre notre vie malgré tous les obstacles. Le Dr Erwin Lutzer a dit : « Garder confiance en Dieu alors même qu'il ne révèle pas les détails de la calamité, est un type de foi qui réjouit son cœur[1]. »

Tout comme Habakuk avant nous, nous nous demandons : « Où est Dieu quand nous souffrons ? » Dieu affirme qu'il est avec nous. Nous pouvons crier, au sein de la douleur et de la souffrance : « Seigneur, Seigneur, pourquoi m'as-tu abandonné ? » Au moment de ce cri, Dieu le Fils, qui fait face à la torture et à la douleur ultime de la croix, ressent avec nous la profondeur de notre souffrance. Le simple fait que le Fils éternel de Dieu ait accepté un corps humain dans son incarnation, et qu'il gardera ce corps humain ressuscité à travers l'éternité est en soi une preuve suffisante que Dieu connaît tous nos sentiments, nos peines et nos souffrances.

Dans un article courageux qui faisait suite au tremblement de terre qui a frappé le Népal au printemps 2015, le Dr Vinoth Ramachandra du Sri Lanka parle du rôle de l'homme dans la destruction de l'humanité alors que des pays pauvres, dépourvus de nombreuses nécessités de la vie et marqués par la corruption, font face à une catastrophe naturelle. C'est ainsi, dit-il, qu'une catastrophe naturelle

---

1. E. W. Lutzer, *Where Was God? Answers to Tough Questions About God and Natural Disasters*, Chicago, Tyndale, 2006, p. 39.

dans un pays développé fera moins de victimes et de dégâts matériels que dans un pays pauvre. Il conclut en disant : « À la question que beaucoup posent, à savoir où était Dieu quand les désastres ont eu lieu, nous répondons que le Dieu trinitaire et d'amour était présent lors de la douleur et la souffrance des victimes, dans le chagrin des survivants, le courage héroïque des sauveteurs, dans la colère et la protestation de ceux qui défendent les pauvres et les marginalisés dans ce monde technologique[2]. »

Mon ami syrien Dhafer m'a parlé de sa souffrance et de sa détresse lorsqu'il a été emprisonné pour avoir déclaré sa foi en Christ. Il priait passionnément, attendant un miracle qui ferait s'ouvrir les portes de la prison et le libérerait comme Pierre l'avait été dans un incident semblable dans Actes 12.5-17. Mais pour Dhafer, les portes ne s'ouvrirent pas et le miracle tant attendu ne se produisit pas. Bien au contraire, Dhafer fut transféré sous terre, en cellule d'isolement. Il décida d'entamer une grève de la faim et de n'absorber que de l'eau pour pouvoir prier. Dix jours plus tard, alors qu'il était dans sa cellule froide et sombre, il sentit la présence de Dieu en la personne du Christ. Le Christ ne lui a pas promis la liberté mais a partagé sa propre douleur et ses souffrances, commençant par les parjures et jusqu'au chemin de croix, puis à la crucifixion. Dhafer m'a dit : « À ce moment-là, j'ai senti l'extraordinaire présence de Dieu dans tout mon corps et mon âme, comme si j'étais libéré ! » Dhafer fut libéré de prison quelque temps plus tard, et dès sa libération, il invita à déjeuner l'un de ses gardiens de prison !

Dieu n'a pas promis de toujours nous sauver des épreuves (bien qu'il puisse souhaiter et choisir de nous sauver en de nombreuses occasions), mais il a promis d'être avec nous dans les temps difficiles. Cherchons la lumière de l'espoir au milieu de l'épreuve. Rappelons-nous que la justice de Dieu apparaît à travers les gens qui, d'une manière ou d'une autre, partagent avec nous les souffrances que nous traversons. Vous souvenez-vous de l'histoire de Souad au début de ce livre ? Souad qui a perdu son mari et a été grièvement blessée pendant la guerre syrienne. Par sa justice, Dieu a arrangé qu'une famille d'un pays européen s'occupe d'elle et de ses enfants, afin qu'elle puisse surmonter l'épreuve traversée.

Restons confiants que dans la souffrance, Dieu accorde la grâce et la bénédiction jour après jour. Nous ne devrions pas nous inquiéter beaucoup pour demain, car demain prendra soin de lui-même : « Ne vous inquiétez donc pas du lendemain, car le lendemain prendra soin de lui-même. A chaque jour suffit sa peine » (Mt 6.34).

---

2. V. Ramachandra, « God and Natural Disasters », 28 april 2015. https://vinothramachandra.wordpress.com/2015/04/28/god-and-natural-disasters/

Pour conclure ce livre, je voudrais vous inviter à lire le sage conseil du roi Salomon :

> Regarde ce que Dieu a fait : qui pourra redresser ce qu'il a courbé ? Le jour du bonheur sois heureux, et le jour du malheur réfléchis ! Dieu a fait l'un comme l'autre, afin que l'homme ne puisse absolument pas découvrir ce qui se passera après lui. (Ec 7.13-14)

Je ne peux pas prétendre que j'ai pu répondre à vos questions sur la douleur et la souffrance dans ce livre, mais j'espère que le livre d'Habakuk et certaines des idées simples exprimées ici pourront vous être utiles pour faire face aux épreuves de la vie.

Bibliographie

Ouvrages en français

CARSON, D. A., *Jusques à quand ? Réflexions sur le mal et la souffrance*, trad. de l'anglais par Michèle Schneider, Charols, Excelsis, 2015.

KELLER, T., *La souffrance. Marcher avec Dieu à travers les épreuves et la douleur*, Lyon, Clé, 2015.

LEWIS, C. S., *Le problème de la souffrance*, trad. de l'anglais par Marguerite Faguer, Le Mont-Pèlerin, Editions Raphaël, 2005.

LLOYD-JONES, M., *De l'angoisse à la foi : Dieu contrôle-t-il l'histoire du monde ? Étude du livre d'Habacuc*, Nîmes, Éditions Vida, 2014.

SCHWEITZER, L., *Si Dieu existe, pourquoi le mal ?*, coll. Question suivante, Champs-sur-Marne, Farel, 2005.

TIDIMAN, B., *Nahoum, Habaquq, Sophonie*, coll. Commentaires évangéliques de la Bible, Vaux-sur-Seine, Édifac, 2010.

YANCEY, P., *Où est Dieu dans l'épreuve ?* Valence, Ligue pour la Lecture de la Bible, 2012.

Ouvrages et articles en anglais

ANGEL, H., « Biblical Prayers and Rabbinic Responses: Balancing Truthfulness and Respect before God », *JBQ* 38/1, 2010, p. 3-9.

BAKON, S., « Habakkuk: From Perplexity to Faith », *JBQ* 39/1, 2011, p. 25-30.

BARRÉ, M. L. S. S., « Newly Discovered Literary Devices in the Prayer of Habakkuk », *CBQ* 75, 2013, p. 446-462.

CLEAVER-BARTHOLOMEW, D., « An Alternative Reading of Hab 1 and 2 », *Proceedings EGL & MWBS* 24, 2004, p. 4559.

DUNN, J. D. G., *Word Biblical Commentary: Volume 38A, Romans 1-8*, Nashville, Thomas Nelson, 1988.

FEINBERG, J. S., *Deceived by God? A Journey Through Suffering*, Wheaton, Crossway, 1997.

FEINBERG, J. S., *The Many Faces of Evil: Theological Systems and the Problems of Evil*, Wheaton, Crossway, 2004.

GOWAN, D. E., « God's Answer to Job: How is it an Answer? » *Horizons in Biblical Theology* 8, 1986, p. 85-102.

GREEN, J. B., et J. E. Lapsley, *The Old Testament Ethics: A Book-By-Book Survey*, Grand Rapids, Baker Academic, 2013.

HAAK, R. D., *Habakkuk*, Leiden/New York, E. J. Brill, 1992.

HASKER, W., *The Triumph of God over Evil: Theodicy for a World of Suffering*, Downers Grove, IVP, 2008.

HUNN, D., « Habakkuk 2.4b in its Context: How Far Off Was Paul? » *JSOT* 34/2, 2009, p. 219-239.

LAMB, J., *From Why to Worship: A Journey through the Prophecy of Habakkuk*, London/Colorado Springs/Hyderabad, Authentic, 2007.

LUTZER, E. W., *Where Was God? Answers to Tough Questions about God and Natural Disasters*, Chicago, Tyndale, 2006.

MATHEWS, J. *Performing Habakkuk: Faithful Re-enactment in the Midst of Crisis*, Eugene, OR, Pickwick, 2012.

MOO, D. J., *Romans: The NIV Application Commentary: From Biblical Text to Contemporary Life*, Grand Rapids, Zondervan, 2000.

PINKER, « Was Habakkuk Presumptuous ? », *JBQ* 32/1, 2004, p. 27-34.

PRIOR, D., *The Message of Joel, Micah & Habakkuk*, Leicester, IVP, 1998.

RAMACHANDRA, V., « God and Natural Disasters », 28 avril 2015. https://vinothramachandra.wordpress.com/2015/04/28/god-and-natural-disasters/

SILVESTER, H., *Arguing with God*, Downers Grove, IVP, 1974.

STACKHOUSE, Jr., *Can God be Trusted? Faith and the Challenge of Evil*, Oxford, Oxford University Press, 1998.

WENHAM, J. W., *The Goodness of God*, Downers Grove, IVP, 1985.

YANCEY, P., *Disappointment with God: Three Questions No One Asks Aloud*, Grand Rapids, Zondervan, 1988.

TABLE DES MATIÈRES

Langham Partnership est un organisme chrétien international et interdénominationnel qui poursuit la vision reçue de Dieu par son fondateur, John Stott -

promouvoir la croissance de l'église vers la maturité en Christ en relevant la qualité de la prédication et de l'enseignement de la Parole de Dieu.

Notre vision est de voir des églises équipées pour la mission, croissant en maturité en Christ, par le ministère de pasteurs et de responsables qui croient, qui enseignent et qui vivent la Parole de Dieu.

Notre mission est de renforcer le ministère de la Parole de Dieu de trois manières:
- par la mise en place de mouvements nationaux de formation à la prédication biblique
- par la rédaction et la distribution de livres évangéliques
- par la formation d'enseignants théologiques évangéliques qualifiés qui formeront ensuite des pasteurs et responsables d'églises dans leurs pays respectifs

Notre ministère

Langham Preaching collabore avec des responsables nationaux en vue de la création de mouvements de prédication biblique dirigés par les nationaux eux-mêmes. Ces mouvements, qui naissent progressivement un peu partout dans le monde, rassemblent non seulement des pasteurs mais aussi des laïcs. Nos équipes de formateurs venus de beaucoup de pays différents proposent une formation pratique qui comporte plusieurs niveaux, suivie d'une formation de facilitateurs locaux. La continuité est assurée par des groupes de prédicateurs locaux et par des réseaux régionaux et nationaux. Ainsi nous espérons bâtir des mouvements solides et dynamiques, constitués de prédicateurs entièrement consacrés à la prédication biblique.

Langham Literature fournit des livres évangéliques et des ressources électroniques par la publication et la distribution, par des subventions et des réductions à des leaders et futurs leaders, à des étudiants et bibliothèques de séminaires dans le monde majoritaire. Nous encourageons aussi la rédaction de livres évangéliques originaux dans de nombreuses langues nationales par le biais de bourses pour des écrivains, en soutenant des maisons d'éditions évangéliques locales, et en investissant dans quelques projets majeurs comme *le Commentaire Biblique Contemporain* qui est un commentaire de la Bible en un seul volume rédigé par des auteurs africains pour l'Afrique.

Langham Scholars soutient financièrement des doctorants évangéliques du monde majoritaire dans le but de les voir retourner dans leurs pays d'origine pour former des pasteurs et d'autres chrétiens nationaux en leur proposant un enseignement biblique et théologique solide. Cette branche de Langham cherche donc à équiper ceux qui en équiperont d'autres. Langham Scholars travaille aussi en partenariat avec des séminaires dans le monde majoritaire afin de renforcer l'éducation théologique évangélique sur place. De ce fait, un nombre croissant de « Langham Scholars » (le nom « Scholars » signifie « boursiers ») peut aujourd'hui suivre des programmes doctoraux de haut niveau au cœur même du monde majoritaire. Une fois leurs études terminées, ces « Langham Scholars » vont non seulement former à leur tour une nouvelle génération de pasteurs mais exercer une grande influence par leurs écrits et par leur leadership.

Pour plus d'informations, consultez notre site: langham.org